# 全面运营管理

## Total Operation Management

一套系统性方法论
全面破解企业运营难题

孙建春 / 著

苏州大学出版社
Soochow University Press

### 图书在版编目(CIP)数据

全面运营管理／孙建春著．—苏州：苏州大学出版社,2023.9
 ISBN 978-7-5672-4519-8

Ⅰ.①全… Ⅱ.①孙… Ⅲ.①企业管理－运营管理 Ⅳ.①F273

中国国家版本馆 CIP 数据核字(2023)第 171004 号

| | |
|---|---|
| 书　　名： | 全面运营管理 |
| | QUANMIAN YUNYING GUANLI |
| 著　　者： | 孙建春 |
| 责任编辑： | 管兆宁 |
| 装帧设计： | 吴　钰 |
| 出版发行： | 苏州大学出版社(Soochow University Press) |
| 社　　址： | 苏州市十梓街1号　邮编：215006 |
| 印　　刷： | 镇江文苑制版印刷有限责任公司 |
| 邮购热线： | 0512-67480030 |
| 销售热线： | 0512-67481020 |
| 开　　本： | 787 mm×1 092 mm　1/16　印张：11.75　字数：272千 |
| 版　　次： | 2023年9月第1版 |
| 印　　次： | 2023年9月第1次印刷 |
| 书　　号： | ISBN 978-7-5672-4519-8 |
| 定　　价： | 58.00元 |

若有印装错误,本社负责调换
苏州大学出版社营销部　电话：0512-67481020
苏州大学出版社网址　http://www.sudapress.com
苏州大学出版社邮箱　sdcbs@suda.edu.cn

## 作者简介

孙建春，笔名鲁克，曾就读于河海大学和苏州大学，工商管理硕士，目前任职于某汽车零部件企业。

工作32年，经历过国营、民营、中外合资和外商独资等多种企业，涉猎过陶瓷、锅炉、轴承、换热器、铝合金、印刷包装、汽车零部件等多个行业，从事过计划、仓储、运输、货代、采购、质量、销售、供应链、工厂运营等多个岗位。职业道路曲折，工作经验丰富，理论知识全面。主要研究方向为企业运营管理、供应链管理和战略管理。

# 序 言

### 为什么要写这本书?

**1. 为运营问题找到解法**

我工作了 30 余年,几乎都是在制造业从事供应链、物流和生产运营工作。回首过往,在企业运营管理中常常会遇到各种问题,而且总是重复发生,却很少见到高超的系统性解法。偶尔也会问自己:问题根源何在?如何找到一套系统的解决方法?很多场景会情不自禁地浮现眼前:客户心急如焚,领导三令五申,伙伴们风风火火,结果不尽如人意;一次次临危受命,一次次转危为安,最后却高兴不起来,因为损失已在,预防难为,下一场危机还会来临。无论多么努力,如果没有根本解法,问题始终存在。

**2. 现有理论仍有不足**

为寻找解法,我饱览著述、遍访名家、参与各种研讨和实践,可依然发现问题很多。比如,精益管理理论重心在于制造,物流管理理论不够系统,采购管理理论专注供应端,供应链理论缺少与企业内部的关联,而 SCOR(供应链运作参考)模型又过于僵化。运营管理的书籍多如牛毛,能讲清运营系统与本质并能致用者凤毛麟角。

**3. 利他是写作的初心**

诚然,企业运营纷繁复杂,然而,痛点挑战就是召唤,伙伴诉求就是动力,我只有躬身入局,探寻其中的规律和方法,让企业运营变得更简单,让伙伴和朋友更开心,这就是写作本书的初心。

### 这是一本什么样的书?

**1. 这是一本具有理论创新的书**

企业运营总是充满变数,很多一线从业者"忙于救火""盲人摸象",问题多多却难以入手。究其原因,还是没有找到好的方法。本书从企业整体运营的高度出发提出了"全面运营管理"的概念,重新诠释了企业运营管理中内外部各核心要素及相互之间的关系,创建了一个新的管理模型，给出了六个基本原则，提供了若干方法和工具，为企业运营呈现了一套完善而实用的方法论，这是本书在理论上的创新。此外，笔者还重新梳理和重构了部分概念和定义，目的是统一认知，便于阅读和理解，避免歧义。

2. 这是一本理论和实践相结合的书

重构企业运营管理的思路与方法，改变传统认知，这是本书的立足点之一。而笔者丰富而坎坷的职业经历，加之多年的理论研究和探索，则为书中的逻辑与方法提供了有力的支撑，值得信服。

3. 这是一本写给企业人的书

本书涵盖了企业管理的几乎所有关键职能、模块和过程，涉猎广泛、关系复杂，即便对于专业从业者来说也并不简单。利用专业知识，助力专业人士，解决专业问题，这是本书的另一个立足点。

4. 这是一本具有广泛适用性的书

很多企业管理书籍都是以大企业为蓝本的，可是，众多中小企业不具备同样的资源和条件，从业者无法效仿。本书提出的模型和原则，简单明了、系统全面，具有广泛适用性，无论大企业，还是小企业，无论生产型企业，还是服务型企业，也无论是处于哪个行业，它都具有较好的适用性或参考性。

### 这本书讲了哪些内容？

全书围绕全面运营模型及其基本原则展开。

第一章，全面运营管理综述。介绍全面运营管理的概念，主模型的结构、内容和原理，以及全面运营管理的六个基本原则。

第二章，战略层之战略管理。通过理论讲解和案例分析，介绍了战略管理的原理和价值及在企业运营中的应用。

第三章到第十一章，执行层。执行层包括九个模块，即需求管理、计划管理、生产管理、采购管理、物流管理、设计管理、质量管理、沟通管理和资金管理。执行层是企业全面运营管理的核心，也是本书的重中之重。这部分内容都是大家比较熟知的管理职能，通过对它们的逐一解读，相信读者可以从中直接获得认知和技能上的提升。

第十二章到十四章，保障层。保障层包括三个模块，其中，组织管理是指对企业人力资源管理的解析；流程管理是对企业管理程序和规则的解析；器具管理是对企业设施、设备、工具和量仪等硬件装备的解析。在传统运营管理理论中，一般都不会按照这样的思路来讲解这部分内容，本书详细解读了它们的内容和属性，以及对执行层和整个企业运营的作用。

第十五章，控制层之绩效管理。没有检查就不会有持续有效的执行，绩效管理是PDCA① 中的 C（检查），兼具监视检查及激励约束的作用。

第十六章，基础层之运营环境。这个部分的内容不多但必不可少，企业战略及运营都以它为基础，只有基础牢固，企业经营才会稳固。

---

① PDCA 的含义是将质量管理分为四个阶段，即 Plan（计划）、Do（执行）、Check（检查）和 Act（处理）。

**感谢**

感谢我所有的朋友、伙伴和同事,我们曾同甘共苦,也曾荣辱与共,所有的经历都是素材,所有的情谊都是感动,它们都是我写作本书的动力之源。

感谢俞雪华老师,他的悉心指导和建议让我受益良多;感谢钟旭东老师,"系统、本质、感悟、致用"源于钟老师的传授,简单的八个字,让我受益终身;感谢徐涛、徐海龙和龚志刚,他们的认可与鼓励给了我极大的信心;感谢施文秀和夏金水,他们是我最早的读者和文字校对员,给我提出了很多宝贵的意见。

感谢所有为本书提出修改意见的朋友,你们的意见、建议和批评都是对我的帮助和鞭策,我会始终牢记于心。感谢所有给予我帮助的人,你们的理解和支持始终是我奋斗的动力。

创作是孤独的、枯燥的,又是快乐的、丰盈的。恰如自己的山间独行,有攀登的艰辛与唯美,有内心的坚定与高远。曾随手写下一首小诗,正好表达我的心境,聊以共赏。

**真山徒步**

野径人迹寥,山花独自娇;
健步凌绝处,放眼天更高!

鲁克于苏州

# 目 录

## 第一章　全面运营管理综述 …………………………………（001）

第一节　企业运营之痛 ………………………………………（001）
　案例 1-1　发现问题不等于解决问题 ……………………（002）
第二节　全面运营管理介绍 …………………………………（004）
小结 ……………………………………………………………（010）
思考题 …………………………………………………………（010）

## 第二章　战略层之战略管理 ………………………………（011）

第一节　什么是战略管理 ……………………………………（011）
　案例 2-1　大型瓦楞纸生产企业战略解析 ………………（012）
　案例 2-2　大型非标设备企业战略解析 …………………（013）
第二节　如何制定企业战略 …………………………………（014）
第三节　如何制定运营战略 …………………………………（018）
　案例 2-3　行业领先者供应链战略解析 …………………（021）
小结 ……………………………………………………………（024）
思考题 …………………………………………………………（024）

## 第三章　执行层之需求管理 ………………………………（025）

第一节　什么是需求管理 ……………………………………（025）
第二节　需求管理的主要任务 ………………………………（027）
小结 ……………………………………………………………（029）
思考题 …………………………………………………………（029）

## 第四章　执行层之计划管理 ……………………………………………… (030)

第一节　什么是计划管理 …………………………………………… (030)
第二节　计划管理的内容 …………………………………………… (032)
第三节　计划管理问题解析 ………………………………………… (037)
　　案例 4-1　R 企业订单履行程序 …………………………………… (039)
　　案例 4-2　如何培养计划员 ………………………………………… (042)
小结 …………………………………………………………………… (043)
思考题 ………………………………………………………………… (043)

## 第五章　执行层之生产管理 ……………………………………………… (044)

第一节　什么是生产管理 …………………………………………… (044)
　　案例 5-1　多因一果大大增加管控难度 …………………………… (046)
第二节　生产管理的任务 …………………………………………… (048)
　　案例 5-2　为什么 5S 目视化推行不力 …………………………… (051)
第三节　生产管理的 KPI …………………………………………… (052)
第四节　生产管理问题解析 ………………………………………… (053)
　　延伸阅读　精益生产理论 ………………………………………… (055)
小结 …………………………………………………………………… (058)
思考题 ………………………………………………………………… (058)

## 第六章　执行层之采购管理 ……………………………………………… (059)

第一节　什么是采购管理 …………………………………………… (059)
第二节　如何制定采购策略 ………………………………………… (061)
　　案例 6-1　实施本地化要制定清晰的战略 ………………………… (064)
第三节　如何实施供应商开发 ……………………………………… (065)
第四节　采购管理的问题解析 ……………………………………… (068)
小结 …………………………………………………………………… (070)
思考题 ………………………………………………………………… (070)

## 第七章　执行层之物流管理 ……………………………………………… (071)

第一节　什么是物流管理 …………………………………………… (071)
第二节　物流管理的工作内容 ……………………………………… (073)
　　案例 7-1　远距离采用周转包装+日送货 ………………………… (074)
第三节　如何实现卓越的物流管理 ………………………………… (074)

| 案例 7-2 | 解决叉车超速问题不需要限速 | (076) |
| 案例 7-3 | 实施包装一体化项目实践 | (078) |
| 案例 7-4 | 制造企业物流改造实战 | (080) |

小结 ………………………………………………………………………… (081)

思考题 ……………………………………………………………………… (081)

## 第八章　执行层之设计管理 …………………………………………… (082)

### 第一节　什么是设计管理 ……………………………………………… (082)

案例 8-1　多供应商策略损害企业利益 ………………………………… (084)

### 第二节　如何实施设计管理 …………………………………………… (085)

案例 8-2　企业产能该由谁负责 ………………………………………… (087)

案例 8-3　70天完成200种紧固件开发与交付 ………………………… (090)

小结 ………………………………………………………………………… (091)

思考题 ……………………………………………………………………… (091)

## 第九章　执行层之质量管理 …………………………………………… (092)

### 第一节　什么是质量管理 ……………………………………………… (092)

### 第二节　质量不良的后果与原因 ……………………………………… (094)

### 第三节　如何做好质量管理 …………………………………………… (096)

### 第四节　如何做好质量追溯 …………………………………………… (097)

案例 9-1　工艺委外类外发加工也应使用《生产过程追踪卡》 ……… (098)

案例 9-2　采用收货日期替代批号不妥 ………………………………… (099)

小结 ………………………………………………………………………… (101)

思考题 ……………………………………………………………………… (101)

## 第十章　执行层之沟通管理 …………………………………………… (102)

### 第一节　什么是沟通管理 ……………………………………………… (102)

案例 10-1　车间早会重点在于沟通 …………………………………… (104)

### 第二节　企业信息沟通的特征及工具 ………………………………… (105)

案例 10-2　参观施耐德智能工厂有感 ………………………………… (106)

### 第三节　如何实现卓越的企业信息沟通 ……………………………… (110)

案例 10-3　信息系统助力快速开发与交付 …………………………… (112)

小结 ………………………………………………………………………… (113)

思考题 ……………………………………………………………………… (114)

## 第十一章 执行层之资金管理 (115)

第一节 什么是资金管理 (115)
第二节 资金管理的内容 (116)
案例 11-1 设定标准生产工单量好处多 (119)
小结 (121)
思考题 (122)

## 第十二章 保障层之组织管理 (123)

第一节 什么是组织管理 (123)
第二节 企业组织管理的内容 (124)
案例 12-1 企业管理重心的演变 (126)
小结 (132)
思考题 (132)

## 第十三章 保障层之流程管理 (133)

第一节 什么是流程管理 (133)
第二节 企业管理中的常用流程 (134)
案例 13-1 通过 ISO9001 认证，企业效率不升反降 (136)
案例 13-2 减少颜色种类，助力 5S 改善 (139)
第三节 如何做好流程管理 (140)
小结 (141)
思考题 (142)

## 第十四章 保障层之器具管理 (143)

第一节 什么是器具管理 (143)
第二节 企业器具的类别 (144)
案例 14-1 数量复核需要先进适用的工具 (145)
第三节 如何实施器具管理 (147)
案例 14-2 联线生产与分体生产哪个更好 (148)
案例 14-3 ERP 升级不仅是软件升级 (149)
小结 (151)
思考题 (151)

## 第十五章　控制层之绩效管理……………………………………（152）

第一节　什么是绩效管理 ……………………………………（152）
第二节　绩效管理的 KPI ……………………………………（152）
　案例 15-1　简单月度考评助力团队卓越 …………………（155）
第三节　如何实施绩效管理 …………………………………（156）
　案例 15-2　一个点检表解决大问题 ………………………（158）
小结 ……………………………………………………………（160）
思考题 …………………………………………………………（160）

## 第十六章　基础层之运营环境……………………………………（161）

第一节　什么是运营环境 ……………………………………（161）
第二节　运营环境的主要内容 ………………………………（162）
　案例 16-1　工厂选址影响企业长期绩效 …………………（165）
第三节　如何应对运营环境影响 ……………………………（166）
第四节　协同与创新 …………………………………………（167）
小结 ……………………………………………………………（168）
思考题 …………………………………………………………（168）

## 后记………………………………………………………………………（169）

## 附录　名词缩写…………………………………………………………（171）

# 第一章 全面运营管理综述

本书的研究对象是企业，企业是市场经济的主体，是社会关系的重要组成部分，它们广泛分布于人类社会生产生活的各个领域，提供产品和服务。企业管理水平的高低不仅影响企业本身的产出和效益，还会影响它的客户、供应商和所有相关方，更会影响员工的幸福指数，所以，大家都非常重视。

然而，现实又总是不尽如人意，创立企业不容易，管理企业更难。从《科学管理原理》出版[①]到现在100多年过去了，如何做好企业管理依然是个难题，战略规划、业务履行、团队带领、流程制定、成本核算……所有这些问题都难以轻松找到答案。

从业务分工的角度来看，企业经营可以分为三部分：设计、营销和运营，其中，设计就是开发产品，营销就是发展客户，而运营就是将产品生产出来并交付到客户手中。本书研究的核心正是运营管理，如何应对运营挑战、解决运营问题，本书为您提供一套新的方法论——全面运营管理。

## 第一节 企业运营之痛

### 一、运营问题比比皆是

回顾历史，企业管理中总会遇到很多难题，比如，生产效率低下、市场供应不足、产品质量低劣等。时至今日，有些问题已经不再显性，而新的挑战又层出不穷，又如，客户端的准时交付率过低、企业库存水位过高、产能过剩或不足、供应商交付不及时、紧急运输时常发生等，导致企业效益下降、竞争力不足。有人把这些归入供应链问题、生产问题、计划问题、物流问题，但从宏观的视角来看，它们都属于运营问题，属于企业整体运营之下的分项问题。不仅如此，

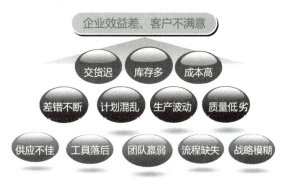

图1.1 运营之痛

---

① 美国管理学家弗雷德里克·温斯洛·泰勒创作的管理学著作，于1911年首次出版发行。

每一个企业都是供应链上的企业，供应链的高度不确定及诸多利益背反大大增加了管理难度（图1.1）。

## 二、原因复杂如盲人摸象

造成运营之痛的原因可以分为两类，即直接原因和间接原因。其中，员工操作失误、设备运行故障、生产计划混乱、质量表现不佳、客户需求波动等，都属于直接原因，它们直接导致企业的产出效率下降和库存波动；而企业组织分工不清、人员培训不足、流程规则缺失、设施设备落后和战略模糊等，都属于间接原因，它们的失效不会直接转化为客户质量低或内部成本高，但会间接影响企业运营的效率和效果，最终让企业失去竞争力。

然而，无论如何探寻和求索，大家都很难在原因分析上达成一致，这让人联想起一个图景——盲人摸象（图1.2）。每一位当事人的感触都是真实的，但他们的认知又都是片面的，这便是当局者迷。而企业运营中的众多参与者又何尝不是如此呢？

图1.2 盲人摸象

### 案例1-1 发现问题不等于解决问题

**1. 问题描述**

这是一家跨国企业在中国的生产工厂，产品是汽车紧固件，品种有1 000多种，客户有100多家，供应商有50多家并分布于欧美及中国各地。管理中的最大痛点是产品交付延误、企业库存过高且不断发生紧急运输。

**2. 原因探寻**

面对同样的问题，不同职能部门往往有着不同的看法。

仓库是负责发货的部门，也是造成交付延误的直接责任部门。仓库主管认为产品交付延迟的主因：(1) 生产部门没有按期完工入库；(2) 计划部门没有预留足够的备货时间。

生产经理则反驳：(1) 计划经常变化，生产团队无所适从；(2) 产品质量问题频发，影响了生产进度；(3) 物料迟到造成生产待料。

计划主管则认为：(1) 客户预测不准造成计划波动；(2) 供应商生产柔性低造成到货延迟；(3) 生产过程不稳定增加了计划难度。

质量经理则强调：质量检查所需的时间和程序是必须的，生产过程的不稳定增加了质量风险。

采购经理则解释：本企业的采购量小、谈判筹码低，除非涨价，否则供应商无法降低最小订购量（MOQ）或者提高柔性。

对于企业管理者来说，这样的现象司空见惯，但始终无法达成一致，它们错综复杂、相互交织，让人眼花缭乱，充满困惑；人们众说纷纭，却莫衷一是。

**3. 观点并存**

发现问题不等于解决问题。一种观点认为，解决企业经营问题的核心在于客户需求管理，满足客户要求是企业的首要选项。听起来有道理，但是企业的资源是有限的，而客户的期望是无限的，用有限的资源去满足无限的期望是不会成功的。

另一种观点认为，生产是企业的核心，一切运营活动都应该围绕生产展开。这种观念忽视了客户地位，也弱化了其他职能的作用。

还有一种观点认为，企业的一切经营活动都应以质量为中心，只要强化质量就能为企业带来高效益。这种观点非常普遍，但追求高质量只是实现卓越运营的必要条件，并非全部。

还有人认为，采购是核心，它影响着60%—70%的产品成本，可以给企业带来真金白银的利益。但显而易见，采购本质是交换和博弈，如果没有足够的交换筹码和谈判力量，采购的作用也是非常有限的。

其他观点还有很多，比如，应该选择合理的要料模式，找到推式和拉式的边界点并采用拉式，选用先进的ERP系统，打通职能隔墙……

## 三、解法总是扑朔迷离

在历史长河中也产生了众多运营管理理论，比较重要的有科学管理理论、质量管理理论、供应链管理理论等。它们的共同特点是都聚焦于企业运营中的某个领域或专项，但无法涵盖整个运营范围，也就无法完全解决运营问题。原因有以下四点。

第一，企业是一个完整而庞大的系统，任何局部理论都无法解决全局问题。它的输入要素包括资本、劳动、环境、原料、能源、管理技能等，输出的是交付给客户的产品和价值，内部运作是它的中央处理器，同时还有检查、报告等"监视与计量"活动。企业无论大小、无论繁简，无一例外，莫不如此。区别仅仅在于小企业复杂度低，普通人可以凭直觉进行管理，而大企业复杂度高，需要专业团队来驾驭。系统性是所有企业运营的共同属性，要想解决系统性问题就需要全局性理论。

第二，企业运营充满不确定性。人们常说，世界上唯一不变的就是变化，变化就是不确定，就是风险。2018年中美贸易冲突严重冲击了中国的外贸环境，2020年新冠疫情造成全球供应链波动，2021年芯片短缺又导致企业大面积停产。"黑天鹅"事件层出不穷，每一个企业不得不直面挑战。

第三，多因一果增加了管理复杂度。因果关系是管理中涉及最多的一种关系，其中，最简单的莫过于一个原因一个结果的线性关系，可以用 $Y=AX+B$ 来表示；在这个条件下，要想提高或降低结果 $Y$，只需要增加或减少原因 $X$。然而在现实中，绝大部分关系并非一因一果而是多因一果，即 $Y=A_1X_1+A_2X_2+A_3X_3+\cdots+B$，由此，每一个因素都是必要条件，都对结果 $Y$ 产生影响，这就大大增加了管理的复杂度。试想，要想让一个生产工单按时、按量、按质地完成，就不得不同时管控人、机、料、法、环、测等多个因素，其中的变数太大了。

第四，在运营管理中应强化协同而弱化博弈。企业运营的核心任务是合理利用资源，实现最大产出①。显而易见，合理利用资源的最佳方法就是协同，它包括企业与客户协同、企业与供应商协同和企业内部职能间协同。传统企业管理特别重视竞争与博弈，如与竞争对手的博弈、与供应商的博弈、与客户的博弈及企业内部职能间的竞争与博弈，但在现代企业管理中要想实现运营绩效最优，必须强化相关方的协同，只有协同联动，才能实现互利共赢。

总之，要做好企业运营，就要构建完整的管理系统，不仅要有效管理企业内部，还要管控外部客户和供应商，并做到协同联动，降低不确定性的影响。为此，本书提出全面运营管理思想，希望为企业运营中的问题找到系统解法。

## 第二节　全面运营管理介绍

### 一、全面运营管理定义

全面运营管理（Total Operation Management，简称 TOM）是通过对企业全部供应链过程（包括供应体系、本企业和客户体系）及企业内部关键职能、过程和活动进行系统策划、协调、执行和管控，从而实现卓越运营的一套企业运营管理方法论，它包括一个管理模型和六个基本原则，具有全面性、系统性和广泛的适用性。

### 二、全面运营管理模型介绍

- 管理模型简介

全面运营管理模型（图1.3），简称全面运营模型，它由三部分组成，即企业运营屋、运营五层级和供应链。

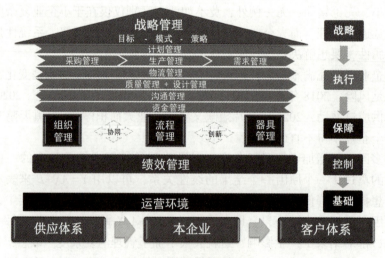

图1.3　全面运营管理模型

---

① 产出的内容包括产品生产、交付及成本控制等。

其中，企业运营屋是模型的核心，它包含企业运营的所有关键过程、模块和职能；运营屋右侧是管理五层级示意图，它包括战略、执行、保障、控制和基础五部分，是对企业运营屋的梳理和概括；运营层下方是供应链三环节示意图，包括供应体系、本企业和客户体系三部分。

企业内部运营如同一个五层结构的房子，其中，战略层是屋顶，它主导企业运营的方向与策略。执行层是居室，也是最关键部分，它的功能是执行客户订单、交付客户价值，具体包括九个模块，即计划管理、需求管理、生产管理、采购管理、物流管理、设计管理、质量管理、沟通管理和资金管理。保障层是支柱，它不会直接接触客户，但对执行层起着支持和保障作用，具体包括组织管理、流程管理和器具管理三个模块。控制层是地面，它的功能是检查和监视运行状态，并实施纠正与调整、激励与约束。基础层是地基，它的功能是识别企业运营的宏观环境，做到顺势而为。

该模型兼具横向和纵向两个维度，其中，横向维度体现于两个过程，一是从供应体系经本企业到客户体系的供应链过程，二是从采购管理经生产管理到需求管理的客户需求履行过程。纵向维度体现于运营屋的五个层级，即从战略经执行、保障、控制到基础，它们从上到下贯穿整个运营活动，构成了一个完整的闭环结构。

该模型诠释了企业运营管理的范围、功能、逻辑和特征，明确了企业运营与供应链管理之间的关系，以及企业内部各职能间的相互关系，即企业是供应链上的企业，供应链是贯穿企业内部并延伸到客户端和供应端的供应链，供应链管理是企业内部运营向外部的延伸，也是企业运营的一部分。同时，整个运营管理构成一个 PDCA 戴明环，始终围绕战略、执行、保障、控制和基础五个层级来持续运转。

● 管理模型详解

1. 战略层之战略管理

战略管理是企业运营屋的屋顶，它主导企业运营的方向与策略。要实现卓越运营，企业需要确立目标、诊断环境、制定策略、确定和落实行动计划，这就是战略管理的内容。运营战略是企业整体经营战略下的二级战略，对运营绩效的好坏起着非常关键的作用。

2. 执行层之需求管理

执行层是企业运营屋的居室，也是最关键部分，它的功能是执行客户订单、交付客户价值。具体包括九个模块，即需求管理、计划管理、生产管理、采购管理、物流管理、设计管理、质量管理、沟通管理和资金管理。

需求管理就是针对客户端及客户需求所进行的管理活动与过程，包括客户开发中的部分活动[1]，维护客户和销售合同主数据，确定客户端计划模式、参数及要求，接收和评审客户需求等。需求管理是整个客户订单履行过程中的第一步，也是管理客户端的关键环节，它对产品交付、客户价值及内部订单履行的绩效都有着重要影响。

---

[1] 严格来讲，整个客户开发过程应该属于市场营销范畴，不属于运营，但其中的部分活动需要运营团队的参与和支持，所以不可分割。

3. 执行层之计划管理

计划就是为满足客户需求,企业对未来一定时期内生产、采购和交付的品种、数量,何时完成及如何完成等一系列任务的筹划、安排和跟进的活动和过程。一个生产型企业的计划活动又可以分为主计划(客户需求计划)、生产计划和物料计划三部分,它贯穿了企业的整个客户需求及订单的履行过程,影响着客户交付表现、生产物流效率、库存周转率、超额运费等诸多关键绩效指标。

4. 执行层之生产管理

生产管理是指为满足客户需求及企业价值最大化,将原材料加工转化为成品的过程和活动,它通常是生产型企业中占据资源最多的部门,在整个企业运营中具有非常重要的地位。其核心功能是将原材料加工成成品,服务对象是销售部或计划部[①],采购部门负责采购和供应原材料和辅料等生产要素;与此同时,生产职能还需要与设计职能、质量职能、设备职能等密切配合,保证生产过程符合技术要求、质量要求及其他各种要求和规范。

5. 执行层之采购管理

采购管理就是为满足需求,以交换为手段从外部获取资源的过程和活动。除了获取资源之外,它还需要在质量、成本、交付和技术上取得比较优势,从而助力企业生产顺畅、成本领先及构建核心竞争优势。采购职能是管控供应端的主责部门,也是企业内部管理向外部供应端的延伸。

6. 执行层之物流管理

这里的物流是指狭义物流,也就是实物流。物流是指在不改变其根本属性(如化学成分和功能)的前提下,对实物在空间、时间、包装标识等方面的处置和管控活动与过程,如运输、储存、搬运、包装、配送等。物流管理就是企业对整个供应链中及企业内部所有的物流活动所进行的管控过程。物流是供应链运转的载体,整个供应链的正常运转都会依托于实物的流动。

7. 执行层之设计管理

无论是生产管理,还是质量管理、需求管理、采购管理,它们都需要符合技术要求。这里的设计管理是指与企业运营相关的技术开发和产品验证等管理过程和活动,包括产品设计,图纸、技术资料和设计参数的管控,产品及工艺验证与批复等。设计就是企业的科学技术,设计水平决定着企业的技术水平,决定着企业的竞争能力,设计复杂度的高低也直接决定着企业运营及供应链的复杂度。

8. 执行层之质量管理

质量管理是指为满足客户需求并实现企业价值而实施质量保障和管控的活动和过程。质量不仅是指产品品质,也包括服务品质、物流表现;不仅需要符合标准,还需要实现客户满意;不仅需要优先满足客户要求,还需要满足整个供应链及运营过程的要求。质量是制造出来的,而不是检查出来的。质量管理是有成本的,质量管理的作用不是增值而是防损,即降低质量风险造成的损失。

---

① 它们代表着客户需求。

9. 执行层之沟通管理

沟通管理又称信息沟通管理，是指为满足客户需求及企业运营而实施信息传递和沟通的活动与过程。在信息沟通中，企业会运用各种技术和方式，目的就是要助力于高效地满足客户需求、提高运营效率并创造和交付价值。

10. 执行层之资金管理

资金管理是指为满足客户需求及企业运营需求而实施的资金筹措、成本核算、应收应付管理的活动和过程，目的是保证企业的健康运行。资金如同企业的血液，它既是企业健康运营的重要保障，又是衡量运营绩效的重要方式，不可忽视。

11. 保障层之组织管理

保障层是企业运营屋的支柱，它不会直接接触客户，但对执行层起着支持和保障作用，具体包括组织管理、流程管理和器具管理三部分。其中，组织管理又被称为人力资源管理，是指为实现企业卓越运营而对所有员工所实施的各种管理活动，比如，人员招聘、培训辅导、组织分工、文化建设等。每一个企业都是由人组成的，他们是企业中最具能动性的资源和财富，组织管理是保障层三个支柱中最重要的一个。

12. 保障层之流程管理

这里的流程管理是指为实现企业卓越运营、正确履行职责和执行各项任务而制定和实施的各种工作程序、作业指导书、表单、规则和制度，是企业运营规则的总称，它是保障层中的第二个支柱。企业的规模越大，管理复杂度就越高，也就越需要规则制度，它们是对组织管理的重要补充。在企业运营中往往存在若干个流程，如质量管理体系、企业资源计划，它们都是企业运营中必不可少的。

13. 保障层之器具管理

这里的器具是指企业运营中所需要的各种设施、设备、工具和仪器的总称。一个企业的运营不仅要有组织（人）和流程（规则），还要有器具，它是企业的硬实力，是保障层中的第三个支柱。工欲善其事，必先利其器，要实现卓越运营，就离不开先进、适用的硬件装备。

14. 控制层之绩效管理

控制层之绩效管理是企业运营屋的地面，是指为实现整个运营体系的有效运行而对运营绩效进行监控计量、找出偏差、启动纠正及实施激励约束的管理活动。没有检查纠正，就无法实现系统的稳定运行。全面运营管理体系就是一个 PDCA 戴明环，而控制层的绩效管理就是它的 C（检查），其重要性仅次于 P（计划），是保证整个系统持续健康运转的重要一环。

15. 基础层之运营环境

基础层的运营环境是企业运营屋的地基，是企业健康运营的基础。它包括基础设施、自然条件、资源供给、市场环境和社会环境等。运营环境是全面运营模型中的最后一层，它与战略层遥相呼应，是制定企业战略时必须考虑的因素之一。

## 三、六个基本原则释义

企业运营总是纷繁复杂并充满不确定性，尽管全面运营管理模型呈现了它的结构、职能、特征和规律，但依然不足以展现它的内部逻辑和机理，这是因为模型是静态的而不是动态的，是刚性的而不是柔性的。为此，笔者提炼出六个基本原则，包括价值、流动、精简、协同、迅捷和完美（图 1.4）。它们是对模型的补充，也是全面运营管理这套方法论不可分割的一部分。

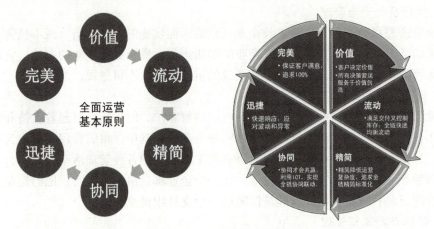

图 1.4　全面运营基本原则

1. 价值

价值是全面运营管理中的第一个基本原则。有人将供应链称为价值链，顾名思义，供应链是一条传递和创造价值的链条。企业全面运营管理以供应链为基础，始终致力于为客户创造和传递高价值。什么是价值？客户的真实需求才是价值，客户愿意付钱买单的东西才有价值，即客户决定价值。例如，不良的产品是最常见的浪费和没有价值的东西，它不仅造成产品失效，还会造成供应链湍流，导致更大的浪费。再例如，如果一个企业的 ERP 中物料编码混乱、基础数据缺失、库存数据不准，那么就会成为企业的负担。这样的情况比比皆是，卓越运营的特征之一就是要浪费少而价值高。

2. 流动

流动是全面运营管理中的第二个基本原则。流动就是让整个供应链中的实物流保持较高的流动性。实物是价值的载体，只有提高流动性，才能更加高效地创造和传递价值，减少浪费。低流动性往往会导致高库存，造成资金占用多、场地占用多、作业效率低、呆滞风险高等很多问题。具体原因是多方面的，比如，采购批量大、安全库存高、产品品质差、检验效率低、产能不均衡、信息不畅通等。要保持高流动，必须从深层原因中找解法。

3. 精简

精简是全面运营管理中的第三个基本原则。没有精简就没有卓越运营，就没有卓越供应链。试想，如果一个企业的物料繁多、供应商繁多、工序繁多、管理职能繁多……它就不可能具有高效的组织能力和行动能力，也不可能做到实物的高流动性，更不可能创造和传递更多的客户价值。要做到精简，就要实施标准化和规范化，并做到先期简化，即在产品设计开发、组织流程策划、战略制定等方面做到化繁为简。

4. 协同

协同是全面运营管理中的第四个基本原则。企业运营及供应链管理始终存在多主体、多职能间的相互衔接与合作，只有协同联动，才能实现全供应链、全运营体系的高效产出。例如，供应链中前后两个环节之间始终存在前置期，只有做到相互密切衔接，才能减少等待时间，提高实物流动性和运营效率。此外，整个运营及供应链体系存在多个相关方，它们各自都有自己的技术规范、质量标准、物流规则和沟通工具，只有做到标准一致、信息共享、迅捷沟通，才能降低牛鞭效应，实现共赢我赢。

5. 迅捷

迅捷是全面运营管理中的第五个基本原则。有人说，当前的市场环境已经步入了VUCA时代，即Volatile（不稳定）、Uncertain（不确定）、Complex（复杂）、Ambiguous（模糊）。的确，市场剧烈波动，客户需求快速变化，做好应对的方法之一就是迅捷。迅捷就是快，快速响应客户需求、快速传递信息、快速加工产品、快速完成检验、快速应对波动、快速处理异常，这是实现卓越运营的一个重要原则和方法。

6. 完美

完美是全面运营管理中的第六个基本原则。完美就是所有活动和过程都要努力做到尽善尽美。有效管控不确定的重要方法之一就是降低不确定性，只有如此，方能更加从容地处置那些高不确定的因素。五个90%的连乘约等于59%，企业运营和供应链管理中存在着太多的串联特征，任何一环的不佳和失效都会大大降低整体绩效，所以，追求完美是实现卓越运营的一个基本原则。

## 四、全面运营管理模型适用性

1. 为什么将其命名为"全面"运营管理

很多人都听说过"全面质量管理"，还有人提出"全面人才管理""全面库存管理"等。"全面"一词，可以充分体现完整性和系统性。全面运营管理不仅涵盖从供应端经本企业到客户端的整个供应链过程，还涵盖了企业内部运营的所有模块、职能和范围，辅之以六个基本原则，它的架构和逻辑是完整和全方位的，使用"全面"一词，可以比较准确地诠释这套方法论的特征，也有利于人们理解和运用。

2. 全面运营管理具有广泛适用性

这套方法论具有比较广泛的适用性，主要因为它有以下特点。第一，模型整体结构与通常的企业运营体系具有高度一致性。比如，每一个企业的运营都基于它所属的供应链，都有它的客户体系和供应体系，它的管理体系都可以分为战略层、执行层、保障层、控制层和基础层五个层级。第二，企业运营屋的结构和模块与众多企业，尤其是生产型企业具有高度一致性，比如，执行层包括了需求管理、计划管理、生产管理、采购管理、物流管理、设计管理、质量管理、沟通管理和资金管理九个模块，保障层包括了组织管理、流程管理和器具管理三个支柱等。第三，全面运营管理六个基本原则符合现代企业的运营要求。无论是价值、流动和精简，还是协同、迅捷和完美，它们都符合当代先进管理理论所倡导的精神，几乎适用于所有现代企业。

然而，必须承认，这套方法论也并不是完美的。对于服务型企业来说，全面运营管理的适用性会有所下降。全面运营管理重点针对于生产型企业，它的内在结构和逻辑都是针对生产型企业设计的；相比而言，服务型企业的产品是服务而不是实物，工艺上也不存在实物加工，与生产型企业存在差异。因此，全面运营管理并不完全适用于服务型企业，但可以作为一种参考。

对于快速变换型企业，全面运营管理的适用性也会下降。全面运营管理的模型设计主要针对于具有较高稳定性的组织和体系，而对于初创型企业或者正在经历剧烈震动的企业来说，不一定适合，但可以作为一种参考。

## 小 结

企业运营问题普遍存在，要想找到完整的解决方案并不容易。全面运营管理是一套基于生产管理、供应链管理、战略管理、质量管理、人力资源管理等多种成熟管理思想而开发的方法论，它包括一个标准模型和六个基本原则，具有高度的开放性和兼容性，符合现代企业和市场经济的规律和特征，能够系统有效地解决诸多的企业运营问题，为实现企业的卓越经营提供助力。

思 考 题

1. 做好企业运营的主要措施有哪些？
2. 什么是全面运营管理？
3. 全面运营管理与企业运营管理的关系是什么？

# 第二章 战略层之战略管理

古人说，人无远虑，必有近忧。还有人说，不谋万世者，不足谋一时，不谋全局者，不足谋一域。谋就是战略。企业是一个持续经营的商业体，要实现卓越运营，就离不开谋划，离不开战略。本章的主题是战略，重点探讨一个企业应该如何运营谋划。

## 第一节 什么是战略管理

### 一、战略管理的定义

战略就是为了实现未来一定时期的目标所制定的策略和行动安排，而战略管理就是一个组织进行战略筹划的过程和活动。战略管理的输出是策略和行动。

其中，目标就是战略活动的目的和意义；策略就是实现目标的方法、技巧、原则、套路及路线图；而行动安排（或称举措）就是为了落实策略而采取的具体行动，如筹措资金、招聘人员等。目标是方向，策略是智慧，而行动就是具体的执行活动。

战略管理是一套方法论。有人认为，战略总是说不清道不明，所以，不需要战略；还有人觉得，战略筹划都是依靠经验或者灵感，空谈战略没有实际意义。这两种看法具有普遍性，但都是狭隘和片面的。战略管理是一套较为成熟的方法论，它利用若干分析方法，通过对现状、环境和对手及多种因素的分析和判断，确定未来目标，以及实现目标的路径和行动，具有一定的科学性和可靠性。"撞大运"往往只是一次一时，它很难持续，很难适应变化。企业真正的成功绝非偶然，它们都是源于谋划，源于先期战略，纵然存在不确定性，但战略管理依然能够发生积极的作用。

战略总是立足于当下而着眼于未来。尽管存在不确定性，但卓越的企业家依然会分析环境、检视自身、探寻规律，并寻找适合本企业的未来之路。

图2.1所示是战略筹划过程，通常，战略筹划总是开始于现状，面向于未来，以环境和条件为基础，并输出策略和行动计划。有时候，也会出现例外，比如"突发奇想""摸着石头过河"等，但这样的情况并不是战略管理的主流。

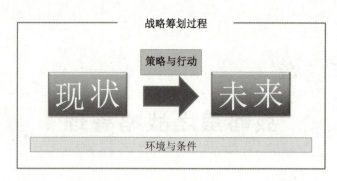

图 2.1　战略筹划过程

## 案例 2-1　大型瓦楞纸生产企业战略解析

**1. 背景信息**

D 企业是一家大型瓦楞纸包装企业，位于苏州市，建厂于 1997 年，外资上市公司，2020 年销售额为 4 亿元，员工 350 人。瓦楞纸包装行业主要有五个特点：(1) 在产品地位方面，它属于客户的辅材，在其供应体系中居于从属地位；(2) 在产品物理属性方面，它价值低、体积大，不宜远距离运输；(3) 在技术方面，它不存在高端技术；(4) 在市场方面，它应用范围广阔、市场空间巨大；(5) 在工艺方面，它的生产基地投资巨大（场地、设备、资金等）。

**2. D 企业综合战略介绍**

(1) 专注于瓦楞纸包装产品的研发、设计、生产和销售；(2) 根据销售渠道的不同，将产品分为瓦楞纸箱和瓦楞纸板，其中，瓦楞纸箱直接销售给终端客户，瓦楞纸板销售给三级厂，经其加工后再销售给最终用户；(3) 根据产品生产工艺的不同，将产品分为普通瓦楞纸产品和专用瓦楞纸产品，既满足大众市场，又满足各种专项市场；(4) 根据用途、克重、规格等参数，建立多个标准产品品类，通过产品标准化来实现物料标准化、工艺标准化、供应体系标准化和营销管理标准化，从而提高运营效率，降低运营成本；(5) 在发达地区建立生产基地，实现快速响应和低成本交付；(6) 以汽车零部件等大型制造行业为重点市场并向其他行业扩张，以工厂附近的本地市场为主，并与集团内其他工厂协同覆盖江浙沪和京津等重点市场；(7) 在原材料供应体系方面，建立多元化的、战略性的原材料供应体系，保证供应稳定；(8) 在标准制定方面，参与行业的标准起草，建立标准优势；(9) 在检验能力方面，建立 ISTA 实验室，拥有先进完善的检测设备和能力；(10) 在组织建设方面，建立优秀的产品设计和开发团队，着重服务重点客户；(11) 在流程方面，建立成熟完善的生产制造、计划履行等程序和体系；(12) 在实体硬件方面，建立行业领先的全套生产线、厂房等设备设施，构建强大产能和硬实力。

**3. D 企业下一步的策略和举措**

(1) 保持当前稳健卓越的运营，并实现局部微调；(2) 在重点新兴地区投资兴建新厂；(3) 在现有的瓦楞纸包装产品领域继续开发新产品和新市场；(4) 在其他包装领域开发新产品和新市场，如彩印、金属或塑料周转包装等。

**4. 总结与感悟**

D 企业依托于中国长三角和珠三角地区良好的经济基础，专注于瓦楞纸包装产品和市场，在研发、设备、设施、检测、信息化等方面不断发力，在产品、市场、技术、质量、成本和响应等方面构建了压倒性的竞争优势；同时，在组织、流程和硬实力方面不同程度进行完善和构建，从而实现企业的持续和卓越运营，其做法稳健而卓有成效。然而，更值得思考的是 D 企业今天的成功来自它若干年前的战略构建。优秀的企业都会审慎地分析自身条件及环境因素，前瞻性地制定战略，目的就是要实现未来的成功。

## 二、战略管理的价值

**1. 战略和执行哪个更重要**

有一个奇怪的现象，研究战略的人会说战略重要，研究执行的人会说执行重要，那么，战略与执行到底哪个更重要呢？这是很多人都困惑的一个问题。本书的理解是，战略指引未来，而执行决定当下。未来和当下哪个更重要？其实难分伯仲，二者都重要，如果没有未来，那么当下还有什么意义；而如果连今天都活不过去，一个企业又怎么可能赢得未来？所以，战略和执行二者缺一不可，它们都是组织成功的必要条件。在权重分配上，大家普遍认为，企业的成功 99% 取决于执行，1% 取决于战略，因为有效的执行是一切的基础，所有的战略都依靠执行来实现。即使战略不完美，如果执行到位、不断调校，也能够取得成功；而执行有问题，所有的战略都会化为乌有。

**2. 不确定环境下依然需要战略**

有人说，现在的环境越来越复杂，变换速度越来越快，企业不需要战略，而只需要快速迭代，这种看法不正确。快速迭代本身就是一种战略，无论什么环境都需要战略，只是内容不同。快速而复杂的环境会大大增加战略筹划的难度，如果长远战略难以制定，那么短期的快速应变也不失为一种好的策略。类似的策略还有追随策略、模糊策略等。没有人能准确地预知未来，因此我们必须承认战略管理存在局限性，它的输出并不完美，比如，规划的内容可能模糊，规则的时间可能有波动，规则的指标难以定量，等等。当环境发生快速变换或者企业经营过于复杂时，战略管理的不完美更会加剧，但此时，管理者依然需要重视战略，必须与时俱进、快速调整，与环境变化相匹配。

## 案例 2-2 大型非标设备企业战略解析

**1. 背景信息**

T 企业是一家总部在德国的中国工厂，始建于 1993 年，位于苏州，现有员工 500 人，年销售额 6 亿元，拥有多项专利技术和产品。非标设备行业有五个主要特征：(1) 主要目标市场为制造业；(2) 市场高度分散、行业多、客户多、设备种类多，没有统一标准和规范；(3) 大小企业共存，小企业专注低端市场，而大企业依靠专项技术、成套设备和综合实力，占据高端市场；(4) 技术要求参差不齐，其中不乏对核心技术的诉求；（5）品质要求高。

**2. T企业的综合战略**

（1）在产品与技术方面，以核心技术和标准产品为契机，扩展产品线和技术范围，形成多产品、多技术的大型解决方案综合服务商；（2）在市场与客户方面，瞄准重点行业（如汽车行业）、重点客户及高端制造，优先关注江浙沪市场并辐射中国全境及海外；（3）在运营方面，将苏州工厂打造成集团重要生产制造基地和业务运营中心，无论设备设施制造、技术转移、人才培养，还是管理体系建设，都具有长期的发展规划和稳健的运营机制。

**3. 感悟**

T企业以市场为导向，以核心技术为契机，以综合实力为手段，长期谋划分步实施，逐步构建自己的市场领先优势，形成一定的技术壁垒、实力壁垒和品牌壁垒，赢得有利的地位。

环境永远存在不确定性，回想中国工厂初创时的渺小与简陋，难以想象今天会如此成功。其实，成功并非偶然，而是源于一系列的战略构建，源于战略规划的方法论。大企业也是从小变大的，只有目标远大、战略清晰并实施稳健的企业，才会成为王者。

## 第二节　如何制定企业战略

### 一、企业战略规划框架

制定一个标准的战略规划分为四个步骤，即确立目标、诊断环境、制定策略和列明举措（图2.2）。在正常情况下，首先，一个企业的战略规划过程开始于战略目标的提出；其次，识别和分析战略环境、本企业和竞争对手，必要时还需要调整原来的目标；再次，制定策略，确定实现路径；最后，还要列出关键的行动和举措。

图2.2　企业战略规划框架

## 二、企业战略规划详解

1. 确立目标

制定企业战略的第一步就是确立战略目标。战略目标一般用"愿景、使命和目标"来表述,其中,愿景就是企业对未来的期望,明确企业愿景就是要确定企业未来的图景,即"我要成为什么样子"。使命就是企业存在的原因和理由,明确企业使命就是要确定企业承担的责任和义务,即"我要给予什么"。目标就是将愿景和使命简化为某个时段的具体指标,三者相辅相成,为了表述方便,它们统一简化为目标。

在愿景和使命的表述上,很多企业将其浓缩为一两句话,便于沟通和传播,例如,福特的愿景和使命是"让汽车进入家庭";通用电气的愿景是"使世界更光明",其使命是"以科技及创新改善生活品质";微软的愿景和使命是"让计算机进入家庭并放在每一张桌子上,使用微软的软件";苹果电脑的使命是"让每人拥有一台计算机";中国移动通信的使命是"创无限通信世界,做信息社会桥梁";迪士尼的使命是"让人们过得快活";华为的愿景是"丰富人们的沟通和生活";阿里巴巴的使命是"让天下没有难做的生意"。

企业目标是愿景和使命的具体化表述。企业会为不同阶段设定不同指标,越明确具体,就越易于贯彻和执行,例如,在未来几年内进入某个新的市场领域,达到若干市场份额,销售额或盈利达到多少。图2.3是一家从事非标自动化设备制造的中小企业的愿景、使命和目标,供大家参考。

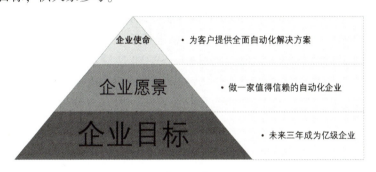

图 2.3 使命、愿景和目标示例

2. 诊断环境

实施战略规划的第二步是诊断环境,主要包括四项内容:识别环境、识别本企业、识别竞争对手和实施分析判断。

(1) 识别环境。每一个企业都有它特有的生存环境,战略管理的目的就是研究如何在这里取得竞争优势;它如同比赛的赛场,又如同打仗的战场,搞清本企业所处的环境是制定战略的基础。识别环境的重点在于与企业相关的环境因素,其中,企业所在的市场和行业是重要环境因素之一,市场规模的大小、竞争格局的分布、发展趋势的强弱等都会深度影响企业;企业所在的地域及它的自然和社会条件也会影响企业,自然条件与企业经营息息相关,社会条件影响着劳动力供应和企业经营的稳定性。比如,2007年R企业作为重要的汽车零部件企业选址到苏州,良好的环境因素起到了关键作用,比如，中国汽车行业的蓬勃发展、客户的本地化诉求、直接竞争对手不多、苏州优越的自然条件和社会条件等。

（2）识别本企业。识别本企业就是认清自我，知道自己的优势与劣势、能力与诉求，这是制定战略的重要一步。兵法云，知彼知己，百战不殆。可见知己的重要性。关于本企业的信息也是多方面的，比如，产品、工艺、技术、规模、核心能力、客户、供应商等。其中，产品属性对战略制定的影响很大，比如，对于实物型产品来说，企业必须高度重视运输、仓储和包装等物流过程，它们既影响成本，又影响客户交付；而对于服务型产品来说，企业不会关注物流，而是更加重视人员素养。再比如，外协加工类服务商（如产品表面处理）必须靠近客户，这是因为所有客户都不愿意远距离去外地加工产品，物流成本太高。工艺也会影响战略，比如，随着整个中国政府对环保安全健康要求的提高，东南沿海地区的酸洗、化工、铝镁加工等具有较高环境影响的工艺受到了政府相关部门的重点监管，企业不得不加强投入，导致成本大幅升高。

（3）识别竞争对手。竞争对手与本企业共处于同一竞争环境，对手的强与弱及未来战略举措都会影响本企业，为此，研究对手也是战略管理中的内容之一。内容包括竞争对手的产品、工艺、技术、规模、核心能力、客户、供应商等，同时，还包括它们的策略和行动。除了直接对手之外，战略制定中还要考虑其他具有博弈关系的间接对手或相关方，比如，潜在对手虽然还没有直接杀入战场，但它们的动向却不可忽视；替代品供应商与潜在对手一样，它们随时都可能进入这个市场；企业的客户和供应商也需要纳入战略环境的研究范围，因为它们的动向也可能关系到本企业的生死或胜败。

（4）分析判断。分析判断就是对所有信息进行整理、比对、分析和研判，并判断是否能够实现既定目标及如何实现既定目标。SWOT是最基本的方法之一，它可以通过对本企业内部与外部的优势和劣势、机会和威胁进行识别和比对，找出规律和趋势，从而制定相应的策略。除此之外还有其他方法，如五力分析法等，这里不做过多介绍。

3. 制定策略

制定策略就是找出实现目标的方法和路径。兵无常势、水无常形，影响战略的因素众多，企业选择的策略多种多样，这里介绍一些常见策略。

（1）引领与追随。它适用于同一领域内处于不同地位的竞争对手，又称为先发策略与后发策略。其中，行业领导者往往会选择引领策略，即通过先期投入和全面卓越来主导整个行业或竞争领域。尽管他们承担了先发风险，但同时也享受先发红利，比如，制定行业标准、构建商业规则、享有商业品牌和知识产权、获得较高市场占有率和超额利润等。而那些在同一行业内实力弱小或地位低下的参与者，它们往往会选择追随策略或后发策略，即通过模仿或追随先发者的足迹来采取自己的行动，好处是降低本组织的风险，而缺点是在行业内处于被动地位。有些大企业也可能在某个特定时期采取先后发再超越的策略，目的是既要避开市场不确定时期的高风险，又要赢得市场稳定期的红利。

（2）大而全与小而精。有些企业规模庞大，是行业内的"巨无霸"，它们愿意通过不断扩大规模来主导某个细分市场并降低竞争强度。相比之下，很多小企业更愿意选择小而精，它们专营于某个利基市场，先立足后扩张。这两种策略各有优势，取决于企业的市场地位和企业目标。

（3）并购与分拆。一个企业要实现扩张，要么依靠自我积累，要么就要通过并购其他企业。自我积累的速度太慢，并购可以算是快速发展的捷径。并购可以快速实现资本融合，但实体融合并不像资本融合那样简单，它还需要业务融合、组织融合及很多方面的融合，需要双方采取更多行动。并购能够扩大规模，提高规模效应，但并不是规模越大越好，因为有时也会出现规模效应递减的现象。另一种策略是分拆，即通过业务分离，让组织小型化和独立化，从而提高各单元的活力和收益，使整个组织受益。比如，阿米巴模型就是这样的模式。

（4）蓝海与红海。蓝海是指很多竞争对手尚未进入、竞争强度较弱的市场，而红海恰恰相反，在这个市场中，行业内的主要参与者云集，竞争十分激烈。市场竞争越激烈，销售价格越低，企业的获利就越少，为此，企业应该全力开拓蓝海市场，而避开红海市场。但当企业不得不在红海中竞争时，企业还应努力追求低成本或者差异化，从而降低市场的不利因素。如果竞争过于激烈而导致企业持续亏损，企业也不得不考虑退出该市场。

（5）核心竞争力。研究表明，虽然影响企业竞争优势的因素很多，但起到关键作用的却只是"核心因素"所构建的核心竞争力。也就是说，一个企业的卓越与否是由它的长板决定的，企业在进行战略决策时应该努力打造它的长板，从而构建竞争壁垒，如核心技术、商业模式等。

（6）自制与外包。这是关于生产方式的一个策略选择，其中，自制就是生产任务由企业内部完成，而外包就是生产任务由企业外部的供应商完成。自制的好处就是企业能掌控技术和生产活动，而缺点是自己必须投入专项设备或资源，如果客户需求数量不多或者企业缺少专项技术，都会得不偿失；而外包的好处就是能够灵活地使用外部资源和技术。因此，决定自制或者外包取决于成本高低、灵活性选择、技术能力及对专项技术的控制力等。

（7）独营与联盟。在充分竞争的市场环境中，每一个企业都不是独立存在的，它都有它的客户、供应商和协作伙伴，它既影响别人又受别人影响，为此，企业需要考虑一个议题——独营或联盟。其中，独营就是完全独立决策和行动，不与其他商业机构进行战略协作，而联盟就是要建立协作关系。

策略选择要抓住重点。需要注意，策略选择会涉及方方面面，既有内部，也有外部，既有宏观，又有微观，但在策略选择时不可过于全面细致而失去焦点。

4. 列明举措

列明举措就是制订明确的行动计划和安排，以便实施。这些行动和举措既包括资源筹划，也包括能力打造，还包括组织流程优化。在战略制定中的行动输出应该尽可能的灵活，即具体、可计量、可实现、具有相关性和具有时间性，目的就是便于执行。之后，组织应该坚决执行，及时检查，必要时进行策略调整。

## 第三节　如何制定运营战略

### 一、全面运营战略介绍

1. 什么是全面运营战略

全面运营战略就是为实现企业卓越运营而制定的策略及行动安排，它是企业整体战略中的一项子战略，它的范围就是全面运营模型所覆盖的全部领域，即从客户端经本企业到供应端的整个供应链过程及从战略层经执行层、保障层到控制层及基础层的整个运营体系。

2. 运营战略与企业战略的区别

第一，涵盖范围不同。如前所述，运营战略是企业战略的一项子战略。企业战略的范围涵盖了企业的全部经营活动，既包括内部，又包括外部，如市场营销、技术开发、企业购并、资本运作及企业运营和供应链管理；而运营战略的范围就是企业运营及供应链活动，它主要聚焦于企业内部运作，其中所涉及的外部供应链活动也都是内部运作的延伸，它不包括或者说较少涉及市场营销、技术开发、企业并购和资本运作等外部活动。

第二，目标定位不同。企业战略需要为整个企业的经营绩效设定目标，比如，利润、销售额及新业务增长率等，它的专注点在于如何提升或保持企业的市场地位和竞争优势；而运营战略只需要为内部运营绩效设定目标，它更多聚焦于企业的运营效率和效果，主要指标有库存周转率、单位人员产出率等。

第三，策略选择不同。企业战略是公司级战略，主要目的是提升整个企业的市场竞争优势、打败对手并赢得市场，所选择的策略多为竞争性的和综合性的；而运营战略是企业的分项战略，主要聚焦于协同优化与高效，所选择的策略多为协作性的和专项具体的策略。

### 二、全面运营战略影响因素

影响运营战略的因素是多方面的，既有宏观的，也有微观的；既有内部的，也有外部的；既有社会的，也有自然的。

1. 企业战略

企业战略决定了企业的大的方针，驱动了企业的重大举措和行动；而运营战略是它的子战略，必须与企业战略保持一致，即运营战略要为企业战略服务。假如一个企业已经确定了某个时间段总的盈利目标及行动路线，运营战略的任务就是要评估和分解目标并制定出运营策略和路径，最终目的就是要助力企业战略的实现。比如，某个汽车主机厂有一项战略是通过协同联动来提升运营绩效并降低库存，那么，在供应商管理上它就会强化与供应商的信息共享、组织沟通并建立长期战略伙伴关系。而如果另一家主机厂的战略是通过强化竞争而降低企业成本，那么，它在供应商管理上就会导入更多的新供应商并强化与供应商的博弈程度。

2. 客户需求

企业运营的目的就是向客户交付价值、实现客户满意,所以,客户是企业的服务对象,客户影响运营;客户需求数量、订单释放方式、货物交付方式、品质要求等所有关于客户需求的因素都会影响企业的运营,而且往往是最重要的影响因素。比如,在汽车行业中,主机厂是整个供应链体系的链主,主机厂的需求影响着零部件企业的运营;主机厂的要求通常是大批量、零缺陷、低库存、预测+要货令、100%准时交付。为此,供应商的生产及库存策略就必须是零缺陷、JIT(零库存)和按库存生产,就是为了与主机厂的需求相匹配。

3. 生产工艺过程

不同的生产工艺过程对运营效率、质量、交付和成本的影响是不同的,比如,对于规模效应显著的生产工艺(如紧固件)来说,如果客户单次要货批量小,企业就不得不选择按库存生产而不是按订单生产,虽然会增加库存,但能够大大降低生产成本。如果生产工艺不具备规模效应(如组装),就可以采用按单生产的方式。

4. 供应端能力与特征

在现代市场经济中,要实现企业的卓越运营就离不开外部采购,供应端的供应能力和特征就会影响企业的运营战略。目前,世界各国的科技水平和工业发展是不均衡的,有些特殊的材料、部件甚至设备只能从某些特定企业购买,它们拥有绝对的主动权,它们决定着企业的能力,同时也影响着企业的运营模式。此外,外购特征也会影响企业的运营,如外购物料的品种多、供应商多和品质差会大大增加呆滞物料风险,需要简化并加强先期质量管理;又如,进口货物的交期长、批量大会造成企业库存较高,因此企业更愿意从本地采购。

5. 组织能力

组织能力是指企业的人才水平。所有策略都是以人为基础的,而人才并不是说有就有的,它需要招募,更需要自我培养,很多时候甚至是可遇不可求的。所以,人才决定战略,没有优秀的人才队伍,就无法制定出高超的战略。

6. 技术能力

技术能力是指企业的专有技术,它也是影响策略的因素之一。如同人才一样,技术也不是说有就有的,它需要开发创新和积累。即使可以通过引进或者外购来获得,企业依然需要一个消化和吸收的过程。如果缺少必要的技术能力,就会限制企业的策略选择。

7. 外围基础设施

这里的基础设施是指企业所在地的交通条件、通信条件、土地及场地供给、与客户及供应商距离等。其中,交通条件不仅影响运营成本,还影响企业经营的响应能力甚至是生产物流模式;通信条件会影响企业的沟通效率和沟通成本;土地及场地供给能力会影响企业的场地成本和再发展空间;与客户及供应商距离则会直接影响客户及供应商的响应能力与成本。

8. 自然条件

自然条件是指企业所在地的空气、水、气候、地形、地质等天然条件，空气和水是人类维持生命的基本条件，对于企业运营来说也非常重要，对特定企业来说影响更大。气候、地形和地质（如地形平整度等）也会影响企业的生产与生活，它们都是企业运营的基础条件，持续影响着企业的经营。

9. 资源供给

这里所说的资源既包括原料、辅料和能源，又包括人力资源和其他资源，其中，原料和辅料都是企业生产运营所必需的物资；能源是指燃煤、燃气、电力、石油、水力、风力、蒸汽等动力资源；人力资源就是企业运营所需要的劳动者，既包括蓝领工人，也包括工程师和管理人才，它们也都是企业经营的重要条件。

10. 社会环境

社会环境是指企业及其市场所在国家或地区的政治、经济、法律、治安和技术等方面的状况，它们也是企业经营的基础条件。

## 三、典型运营策略介绍

全面运营管理的范围涵盖了企业的整个供应链及运营领域，那么，所制定的策略也就服务于这个范围，它可能是整体性策略，目的是实现全局目标；它也可能是分项策略，目的是优化某个专项的过程、模块或职能。以下简单介绍一些典型的运营策略。

1. 全局性运营及供应链策略

全局性运营及供应链策略就是针对企业的整个运营及供应链体系所制定的策略，它是企业整体战略之下的分项战略，在内容上会涉及企业运营及供应链管理中的多个过程与职能。比如，从供应链的角度看，涉及客户端、生产运作过程及供应端；从企业组织职能的角度，会涉及需求管理、计划管理、生产管理、采购管理、物流管理、设计管理、质量管理、信息沟通管理、组织流程器具管理、绩效管理等。除了与企业战略保持一致并充分考虑影响运营的要素外，全局性策略还应该遵循一些基本原则，即为客户创造价值、增加实物流动性、简化设计及各种管理程序、强化跨部门跨组织的协同能力、提高组织的迅捷响应水平及追求零缺陷和完美化等，这些也正是全面运营基本原则的内容。

2. 客户端策略

客户端策略就是为满足客户端目标而制定的策略，它是全局性运营及供应链策略下的子项策略，企业需要做到既满足客户需求，又维护企业利益。为此，企业需要实施客户分类，分析和判断客户期望和本企业能够满足客户需求的能力，确立客户服务目标，找到适合的订单履行及交付模式。比如，按订单生产或按库存生产、专线生产，为重点客户优先准备库存等。

3. 供应端策略

供应端策略是为满足企业运营目标而制定的供应端管理的策略，它也是全局性运营及供应链策略下的子项策略，企业需要做到既满足企业需求，又遵守商业规则。为此，企业需要实施供应商分类，分析和判断企业对供应体系的诉求，确立目标，并找到适合的策略。比如，外购或自制、一品多供或一品一供、伙伴型关系或交易型关系等。

4. 生产及物流策略

生产及物流策略是指企业为满足客户需求及内部诉求，在生产及物流体系内制定的目标、选择的模式、采取的策略及重要举措，它也是全局性运营及供应链策略下的子项策略。在目标设定上要关注重点指标，如单位制造成本；在模式和策略选择上，可以考虑按库存生产或按工单生产、共线或专线、自动化或手工、联线或分步、全球统一 ERP 系统和工艺路线或差异化管理等。

5. 技术质量策略

技术质量策略对于企业运营具有先期影响。在技术方面，不同企业也会有不同的策略，有些企业会非常重视技术的标准化，这有助于提高整个供应链运营效率，而有些企业会重视技术的独特性。在质量管理方面，有些企业会重视预防，而有些企业会重视封堵。技术和质量对于运营及供应链的影响是先期的和巨大的，企业需明确技术研发的目标、原则、方法和技术标准落实的举措，明确质量管理目标、原则和方法，尤其是追溯原则和先入先出（FIFO）原则，并遵循价值、流动、精简、协同、迅捷和完美等全面供应链基本原则。

### 案例 2-3　行业领先者供应链战略解析

**1. 背景信息**

N 企业是一家百年欧洲紧固件企业在中国的子公司，坐落于苏州，成立于 2011 年，主要客户是 VW、GM、SAIC、BAIC、FAURECIA、LEAR 等汽车主机厂和重要的一、二级供应商。N 企业及集团在该行业具有重要地位。

**2. 行业特征**

汽车紧固件行业具有七大主要特征：（1）行业历史悠久（300 多年）；（2）用途广泛，几乎适用于所有行业门类；（3）品种多、标准多、数量大；（4）设备密集型，规模效应明显（抵消关税和国际运输成本）；（5）BOM（物料清单）简单，其中，原材料只有线材，个别紧固件需要垫片；（6）质量要求高；（7）自制和外包并存，其中，外包非常普遍，B2B 业务和全球贸易盛行。

**3. 企业综合战略**

（1）在产品方面，N 企业专注于汽车紧固件；（2）在业务形式上，既有自制，又有外购；（3）在交付方面，运用全球生产中心和供应商资源，构建本地化优势，满足全球客户需求；（4）在市场方面，聚焦于一线主机厂和核心的一、二级供应商；（5）在客户管理上，将 VW、FAURECIA 等设定为企业 A 类客户，建立长期战略伙伴关系；（6）在供应管理上，选择个别供应商作为战略伙伴，通过部分外购补充自制产品的空缺；（7）此外，企业采用全球统一的信息沟通技术（如 ERP、Outlook 等）、技术标准、质量标准、生产模式和人力资源管理体系等，实现集团与分权相结合的全球经营体系。

**4. 客户端策略**

N企业的客户端策略分为三类：（1）M2S+SS+VMI，即make to stock（按库存生产）+为客户准备安全库存（SS）+为客户提供VMI服务；（2）M2S+SS，即make to stock+为客户准备安全库存；（3）M2O，即make to order（按订单生产）。

坚持100%客户满意原则，完全遵从客户的"预测+要货令+100% OTD"的原则，企业须按预测提前生产备库存（含安全库存）；部分客户会采用VMI模式，按需补货；对于非重要客户会采用单独订单（Single Order）下的"按订单生产"模式。

**5. 供应端策略**

供应端策略必须与客户端模式及企业内部运营模式保持一致。N企业的供应端模式与策略分为四类：（1）subcontract（外发加工/战略伙伴关系），表面处理和热处理等外发加工工艺是紧固件生产重要的生产环节，受限于环保要求和业务规模，企业需要外发加工，既要保持企业的灵活性，又要保持稳定性；（2）forecast+call off（预测+要货令）/战略伙伴关系，与线材供应商建立长期的战略伙伴公司，采用"预测+要货令"模式，保证供应端稳定；（3）最高—最低库存（Max Min），对于模具类辅料，采用"最高—最低库存"模式进行外购，同时与供应商建立伙伴关系，因为模具对于产品质量和生产效率影响很大，而对于包材等普通辅料，也采用"最高—最低库存"模式进行外购，但与供应商维持一般关系。

**6. 感悟**

优秀的企业不仅会构建企业的整体战略，同时还会在客户端、供应端、生产环节等企业运营的关键过程中构建有效的策略，它们是企业战略体系中不可或缺的一部分。

## 四、其他运营策略

除了前述的若干策略外，在企业运营中还存在很多单项策略选项，它们只针对某个具体过程、职能或议题，但依然很有价值，具体介绍如下。

**1. 一品多供、一品双供和一品一供**

这是关于供应商多寡的策略选择，其中，一品多供就是每种物料尽可能保持多个供应源，而一品一供就是每种物料只保留一个供应源，以上两种策略之外的折中策略就是一品双供，即每种物料要保留两个供应源。每一个策略都有它的优势和劣势，其中，供应商数量越多，管理成本越高，但有利于比价和控制供应源；而供应商数量越少，管理成本越低，可是不利于比价和对供应商的控制。选择哪一种策略取决于几个条件：一是数量大小，数据越大，供应商数量可以越多；二是采购品的类型，如果开发成本或切换成本过高，就不应该选择一品双供或多供；三是采购管理能力，如果企业不擅长管理独家供应商，那么就会自然选择一品双供或多供；四是市场供应能力，由于种种原因，有些供应源是独家的，企业也只能选择一品一供。

**2. 拉动与推动**

这是关于生产方式的一个策略选择，其中，推动式生产是指按照MRP的计算逻辑，各个部门都是按照公司规定的生产计划进行生产，尽快完成生产任务，不管下一个工序当时是否需要。传统的生产系统一般为推动式生产。拉动式生产又称"准时生产"（Just In Time），后一作业根据需要加工多少产品，要求前一作业制造正好需要的零件。推动模式和拉动模式之间的一个重要区别是库存管理的模式。推动模式的优势很显然就是在整个供应链体系中维持了较高的库存水平，脱销的风险非常小。推动模式还有一个潜在的优势：因为整个供应链体系相对稳定，那么推动模式下就容易产生一定的规模效应。考虑一种情况：如果产品配送的量非常大，那么单位产品的配送费用就会下降。同样在生产、仓储环节也会出现这样的情况。而对于那些销量稳定且巨大的产品，这些费用的下降对于利润的影响无疑是巨大的。而拉动模式并不事先为可能的销售准备库存，这就意味着整个供应链下游的生产企业只有当上游的需求产生的时候才开始出现物料流动。

3. 成本领先和差异化

这是关于企业经营的综合性策略选择。毫无疑问，成本对于市场竞争来说永远是一个重要指标，然而，如果本企业能够在成本之外构建起卓越的远超竞争对手的优势，它就可以借此取得主动地位，避开简单的成本竞争。其中，成本领先就是将低成本作为本企业的主要竞争手段，而差异化就是在成本之外构建卓越的竞争优势。对于成本领先型企业来说，它们往往会持续追求规模化，专注于大众化市场和标准化产品，在生产工艺、供应商选择、人才构成等多个方面都会倾向于低成本，而同时在研发上会投入很少费用。与之相比，差异化就是着重于打造与竞争对手不同的竞争力，比如，质量水平、产品性能、客户体验、交付能力、快速响应等。

4. 100%客户满意

这也是关于客户满意度方面的综合性策略。虽然很多企业都说客户重要，企业追求客户满意，但真的落到实处的话，差别还是非常大的。如果一个企业70%的利润都是来自某个单一客户的贡献，那么，企业一定会全力以赴地去满足这个客户的所有诉求，也就是要实现100%的客户满意。为此，企业在各个方面都会为该客户保留优先权，比如，产能分配、交付、物流、包装、质量、投诉响应等。

5. 机器换人

这是企业为应对劳动力短缺而制定的生产工艺策略。近年来，随着中国人口红利的逐渐消失和劳动力价格的上涨，企业不得不调整方向，将越来越多的人工劳动交由自动化的设备来完成，从而降低企业的用工成本。人们把这种变化通俗地称为机器换人，就是在用工紧张和资源有限的情况下，通过提升机器的办事效率，来提高企业的产出效益。它是以现代化、自动化的装备提升传统产业，利用机器手、自动化控制设备或自动化流水线对企业进行智能技术改造，实现"减员、增效、提质、保安全"的目的。机器换人不仅影响企业的用工成本，还会深度影响企业的人力资源策略、生产设备和工艺方式选择，同时，也会最终推动企业由"制造"向"智造"的转型升级。

6. 供应链高度协同

供应链协同就是为了实现共同目标，供应链中各节点企业和职能间利益共享、风险分担、密切配合与协作，通过共赢来提升己方利益的机制。市场竞争不断加剧，企业间在传统上的博弈关系让企业越来越无力应对，相互协作、通过群体力量实现共赢称为新时期的重要策略。要实现高度协作,一是要做到组织协同,工作关系由博弈转变为合作,并做好责任界定和分工;二是要做好业务流程协同,打破企业界限和部门界限,建立跨组织的流程体系;三是信息沟通协同,通过移动互联技术实现供应链伙伴成员间的共享集成和迅捷沟通。

7. 分散化或集中化制造

这是一项关于生产方式方面的策略选择。分散化制造就是将生产基地实现分散化分布,目的是在满足多地分布的客户需求的同时,又能保持企业的生产规模效应和成本优势。集中化制造是指将生产基地集中在特定地点来服务于庞大的市场的模式。生产制造过程集聚了大量的生产资料、劳动力、技术与管理诀窍,如果在分散化形势下企业无法获得足够的生产资源和能力,或者企业的预期收益无法补偿分散化制造的支出,那么企业就固守集中化的制造模式。不仅如此,分散生产还可以提高客户响应速度,降低沟通成本,能够更好地满足不同客户的特定需求。

## 小 结

战略就是为了实现未来一定时期的目标所制定的策略和行动安排,而战略管理就是一个组织进行战略筹划的过程和活动,它包括四个步骤,即确立目标、诊断环境、制定策略和列明举措。毋庸置疑,每一个企业都需要战略,大凡运营卓越的企业,无不是具有清晰的战略和卓越的执行,而那些战略缺失或者混乱的企业往往都绩效不佳、管理凌乱和士气低下。

战略就是策划。每一个企业的运营管理体系都是一个 PDCA 过程,其中,战略管理就是它的 P,就是整个企业运营体系的策划,它决定着组织的未来,也驱动着企业各个职能的行动和举措。

战略就是妙算,战略就是主动谋划,战略就是追求卓越,只有那些审时度势、精心筹划、具有卓越的远见洞见的企业,才能跨过市场经济中的起伏,实现持续的成功。

### 思 考 题

1. 什么是战略?
2. 什么是企业全面运营战略?
3. 如何制定企业的全面运营战略?

# 第三章 执行层之需求管理

## 第一节 什么是需求管理

### 一、需求管理的定义

毫无疑问,企业的销售部门是负责市场营销及客户开发与管理的主责部门,但在现代企业管理中,它不是唯一涉及这项工作的,销售部门只负责前期客户开发,如市场调研、客户寻找、报价谈判和合同签订等,而由企业运营中的供应链部门负责量产后的订单履行,这部分工作属于运营管理的范畴。

需求管理就是在企业运营及供应链管理中对客户及客户订单履行所实施的先期管理活动,具体包括客户档案管理、销售合同管理、供应链参数管理、物流模式策划、客户订单接收等。在全面运营模型中,需求管理是执行层中的第一个模块,也是客户订单履行中的第一步。

### 二、需求管理的核心

1. 客户

有人说,客户是企业的衣食父母,这句话听起来有点过分,但对于一个企业来说,客户是企业最重要的外部相关方,企业经营的核心是满足客户需求。

第一,企业的盈利来自客户。企业的经营是为了盈利,客户支付是企业盈利最主要的来源。企业向客户交付产品或服务,客户向企业支付报酬,扣除了成本和税赋后,多出来的就是盈利;换个说法,没有客户,企业就没有盈利,就没有企业的持续经营。

第二,企业的价值源于客户认可。什么是价值?客户愿意付钱的才是价值,客户不愿付钱的是成本,是浪费,所以,决定价值的不是成本多少,不是一厢情愿,而是客户。只有遵循这样的逻辑才会让企业的经营更有意义。

第三,企业的进步有赖于客户要求。除了盈利和价值,企业的进步还要感恩于客户要求;优秀的客户无论在技术上还是在管理上往往都有超常的地方,都值得供应商学习。很多企业的发展壮大及成功,其中的秘诀之一就是向客户学习,国内或国外皆是如此。

第四,有些企业的竞争力就是源于客户供应链的强大。当代市场竞争不仅是企业间的竞争，更是供应链间的竞争，无论是链主企业，还是供应链上的普通一员，它的竞争力都受到整个供应链的影响；其中不乏强大而优秀的客户，它们是供应链的链主，能够引领供应商不断发展进步。所以，每一个企业都会非常珍惜它的客户，只有合力才会共赢。

2. 客户订单

客户订单是企业与客户之间联系的核心纽带；同样一份订单，客户称它为采购订单，企业称它为销售订单。本质上，它就是供需双方进行合作的一份可执行的契约，其中，需方释放了明确的诉求，供方据此进行生产、备货和交付。

订单与合同有什么关系呢？它们都是供需双方约定合作关系的法律文书，其中，合同的作用是约定了双方的合作关系，而订单的作用是明确了具体执行内容。对于重复性交易（如汽车零部件行业的量产订单）或大型交易来说，合同往往只是约定了合作框架，涉及具体的数量、时间、方式、地点等，会在订单上体现。对于一次性交易或简单的项目性交易来说，订单可以代替合同。

在汽车行业中，对客户需求的称谓有很多种，比如，采购订单（Purchase Order）是最常见的订单形式，它约定了具体的需求内容和要求；交付计划（Delivery Schedule）是另一种形式，它在框架合同项下约定了若干交付细节，如每次的交付数量和时间等；预测+要货令/拉动单（Forecast+call off/Pick Up Sheet）也是一种常见形式，它的前提也是要先期签订框架合同，然后根据客户需求进行要货；单独性订单（Single Order）是为了区分重复性要货而对一次性要货进行的命名。此外，还存在一些其他形式，它们都是为了应对特定模式或需要而产生的，这里不再赘述。

### 三、需求管理的组织变革

1. 传统模式下的需求管理

在传统的企业组织结构中，销售部门是负责与客户联络的唯一窗口，它在与客户交往中会代表企业，而在企业内部交往中又代表客户。无论技术问题、质量问题、订单问题、交付问题还是商务问题，都是由销售部门来负责；如果企业内部需要与客户沟通，就先要与销售部门沟通，然后由销售部门与客户沟通，得到回复后再由销售部门转给内部。这样做的好处是统一联络，保证销售部门能够及时掌握全部客户端信息，但缺点也是非常明显的。企业经营是动态的，企业与客户间的联系又是多维度、多角度的，不仅有商务问题，也有其他各种问题，如订单、质量、技术等，单一窗口的沟通会成为沟通瓶颈，降低沟通效率和质量，进而影响企业绩效和客户满意度。

2. 现代模式下的需求管理

在传统组织结构中，需求管理由销售部门负责，而订单履行总是需要跨越多个部门，沟通成本高，运营效率低。为更好地解决协同问题，很多企业专门设立了供应链部门，它负责量产订单履行中的协调和统筹，包括订单接收、主计划、生产计划、物料计划、产品交付、仓储、包装、运输等。其中，供应链部门下的计划职能负责接收客户订单。这样的好处是销售只负责业务开发，而将量产后的工作交给运营团队，二者各司其职，能够更加高效地运行。

## 第二节 需求管理的主要任务

如前所述，需求管理是指在企业运营及供应链管理中对客户及客户订单履行所实施的先期管理活动，其主要任务如下。

### 一、客户档案管理

客户档案管理是需求管理中的基础工作之一，通常这项工作由销售部门负责，由供应链部门协助。客户档案是客户管理的基础信息，主要包括客户代码、客户名称、地址、交付方式、付款方式、币种及客户联系人等。责任部门需要在量产前完成客户档案的建立，如果日后发生变更，责任部门还需要及时更新（表3.1）。

表3.1 客户档案示例

| Sequence | Description | Value | Description |
| --- | --- | --- | --- |
| 10 | Status | 1 | active |
| 20 | Matchcode | XIONGKE | |
| 30 | Short name | Xiongke | |
| 40 | Name | Wuxi xiongke precision machinery | |
| 50 | Industry | Automotive machinery | |
| 65 | Name in Chinese (Golden Tax) | 无锡市雄克精密有限公司 | |
| 70 | Street | 无锡市扬名高新技术产业园B区1号 | |
| 100 | Postal country | CN | P.R. China |
| 110 | Postcode | 214024 | |
| 120 | City | Wuxi | |
| 220 | Language code | E | English |
| 230 | Country code | 065 | China |
| 300 | Currency | CNY | Chinese Yuan Renminbi |
| 310 | Partial/complete delivery | 1 | Part |
| 320 | Partial/complete invoicing | 1 | Part |
| 330 | Customer group | 999 | Others |
| 340 | Company group | 999 | Infor Global Solutions |
| 355 | Sales area | 01 | Automotive |
| 360 | Sub market | 15 | Automotive supplier |
| 370 | Collective invoice | 1 | Daily |
| 380 | Collective delivery note | 8 | One DN per delivery date |
| 390 | No. of XZUL delivery notes | 5 | |
| 420 | Credit note code | 1 | active |
| 450 | Market | I | Domestic |
| 490 | Business type | 1 | Company entitled to input tax deduct./EU |
| 500 | Payment | 60 | 60 days net |
| 510 | LDT in days | 0 | |
| 520 | Delivery | 02 | DDP |
| 530 | Forwarder | X1 | By Road |
| 531 | VAT country | ZH | China |
| 532 | VAT code | 1 | Tax rate = 17.00 % |
| 533 | VAT IDNo | 320200607960829 | |
| 550 | ESP code | 0 | No |
| 580 | No. of invoices | 0 | |
| 590 | Invoice format | 1 | Gross (incl. rebates) |
| 620 | No. of order confirmations | 0 | |
| 630 | Order confirmation format | 1 | Gross (incl. rebates) |
| 690 | Invoice to | 0 | |
| 880 | Goods tag version | I5 | VDA Version 4 (AFP/IPDS) 21/22 |

## 二、销售合同管理

这里的销售合同并不是企业与客户签订的纸面合同，而是指需要录入到 ERP 系统中的主要参数，包括物料代码、物料名称、计量单位、价格、MOQ 等。销售合同是订单履行和客户结算的基础参数之一，以此为依据，供应链部门及财务部门就可以自行与客户结算，不需要另行求助销售部门。

## 三、供应链参数管理

除了客户档案和销售合同，要想准确高效地履行客户订单，还需要弄清若干供应链参数，包括交付提前期、交货批量、最小采购批量、安全库存量等，这部分内容通常由供应链部门项目下的计划职能进行维护。

## 四、物流模式策划

这里所说的物流模式不仅包括实物的流转方式，还包括客户信息的传递方式，如客户需求如何释放、企业如何接收订单、是按单生产还是按预测生产、是否准备安全库存、如何包装产品、采用怎样的送货单形式、如何传递发货通知、是否采用第三方仓库等，其中还会涉及期间各环节的前置期及协同方式。

一个客户的物流模式是由客户和企业共同决定的。在量产前，客户常常提出很多要求，而企业需要制定自己的最佳规划，既要满足客户需求，又要实现高效率、低库存和低成本。为此，企业供应链部门需要做好两件事：一是明确约定客户端物流规则，如与客户签订物流协议；二是确定内部物流模式。与客户签订物流协议的作用是约定与客户间的责任和义务，而确定内部物流模式的作用是确定在订单履行及物流过程中各环节的方式和参数。

## 五、客户订单接收

如前所述，订单是客户需求的载体，接收客户需求是客户管理的关键一步。当前最常用的方式是通过电子邮件传递订单或拉动单的扫描件，但越来越多的企业采用 EDI（电子数据交换），而过去的传真方式几乎没有人再用了。有些企业还会利用企业门户网站释放需求信息。

原则上讲，订单接收之后需进行评审，应由各关键部门来评估确认本企业是否接受或满足，如时间数量、质量标准等。履行订单需要企业具有足够的产能和资源，那么，企业的产线、人手、场地、材料库存和供应商的供货能力等都影响着企业的交货时间、数量甚至质量；如果不能满足客户需求，企业就要与客户沟通或者拒绝接单。对于汽车行业来说，它的正常订单都是连续的和批量的，但订单评审有些不同：首先，在项目定点时，双方应确定好需求数量和供给能力；其次，生产件批准程序（PPAP）须进行验证和复核。因此，在收到客户的正常订单时不能拒绝，企业需要做的工作是核实需求、调整生产计划、满足需求。但如果客户需求超出了合同约定，那就应该另当别论了。

## 小　结

　　客户是企业的利润之源，高效管理客户需求是实现企业卓越运营的重要一环。需求管理是企业运营及供应链管理中对客户及客户订单的先期管理，是高效履行客户订单、实现客户价值的基础。现代企业管理中，越来越多企业的需求管理工作由销售部门转移到了供应链部门，其目的是加强分工并实现运营高效。

　　此外，企业是供应链上的企业，它的客户管理范围不仅包括直接客户，还应该包括整个客户端，应该将客户端的关键相关方也纳入管理范围。比如，汽车行业的二级供应商不仅要管理它的一级供应商，还要密切关注主机厂的需求变化和诉求，唯有如此，才能真正了解客户的需求变化并从容应对。

思　考　题

1. 什么是需求管理？
2. 在传统模式和现代模式下，需求管理职能如何分工？

# 第四章
# 执行层之计划管理

当前,很多企业都设置了"计划员"岗位,他们每天忙忙碌碌,处理订单、制订计划、安排和调动资源,人们很容易忽略他们的存在。可是,企业的各个部门又对他们非常倚重,这就是计划在企业中的地位,本章讨论的主题就是计划管理。

## 第一节 什么是计划管理

### 一、计划管理概述

这里的计划是指在企业运营中为履行客户订单而进行的各种筹划与安排,即为满足客户需求和订单履行,对未来一定时期内生产、采购和交付的内容、数量和时间,以及保持多少库存,按照怎样的顺序执行,是否外发或加班等议题所做的一系列的筹划、安排和跟进活动。那么,如何进行计划管理呢?

(1)计划管理的目标是供需匹配且总成本最优。也就是说,计划既要满足客户需求、实现准时交付,又要保持合理的运营成本和库存水平。任何的顾此失彼都不是最优的计划。

(2)计划工作需要跨部门协调。从接收客户订单直至完成交付,计划工作需要协调内外部多个职能部门或主体,包括销售、生产、采购及客户、供应商、货代等。计划工作绩效的好坏不仅取决于计划本身的质量,还取决于对相关方的协调与统筹。

(3)计划工作需要进行信息处理。在计划工作中,需要对各种信息进行加工、处理、分析和判断从而输出指令和排程,驱动其他部门的行动及实物的流动,所以,计划员是典型的信息工作者,他们不生产信息,但需要加工和传递信息,这是计划的属性之一。

### 二、计划管理的范围

1. 计划管理覆盖整个供应链

计划管理是执行层中九个模块之一,位于执行层最顶端,其范围横跨了需求管理、生产管理、采购管理三个过程,这也正是企业运营中客户订单履行的全过程,它表示:企业内部计划管理的范围恰恰等同于客户订单履行过程。但除了企业内部,计划管理还应延伸到企业外部的整个供应链,包括它的上游供应端和下游客户端(图 4.1),计划管理的范围就是企业的整个供应链。

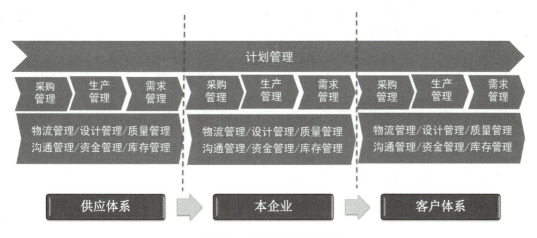

图 4.1 全面运营扩展模型

2. 需求管理工作划入计划职能

传统模式下，企业大都采用分段式计划模式，即销售部门负责制订客户需求计划，生产部门负责制订生产计划，而采购部门负责制订物料计划。好处是这与传统组织分工完全一致，缺点是分段计划不利于跨部门协同。现在，为了加强在订单履行中的协同能力，很多企业将需求管理工作划入计划职能，计划管理的职能范围扩大了。

3. 计划是运营系统中的 CPU

CPU 就是中央处理器。一个生产型企业的运营系统包括四部分（图 4.2），即基础信息、计划体系、交易过程和实物流，其中，基础信息就是企业运营的基础档案和数据，包括客户端主数据（客户档案和销售合同）、供应端主数据（供应商档案和采购合同）和设计主数据（物料主数据、物料清单和工艺路线）；计划体系就是整个计划过

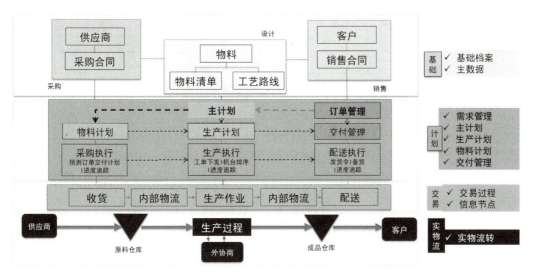

图 4.2 企业运营系统

程,包括需求管理、主计划、生产计划、物料计划和交付管理;而交易过程就是伴随着实物流动而发生权责属性变更的过程,这里称为交易,它一般会生成一份单据或凭证,如发货单、收货单或移库单等;而实物流就是实物在企业中的流转过程。从中可见,在订单履行过程中,计划职能负责计算与筹划并始终驱动着实物流转。

## 第二节　计划管理的内容

如前所述,计划管理工作分为五部分,即需求管理、主计划、生产计划、物料计划和交付管理,以下分别介绍。

### 一、需求管理

计划管理首个环节就是需求管理,主要内容就是客户订单接收与评审工作。

需求管理的对象是成品,需求形式包括订单、预测或交货计划、要货令等,传递方式是邮件或EDI等。其中,越来越多的企业采用EDI,它可以将客户需求直接导入ERP系统,速度快、准确率高,大大提高了订单处理效率。

接收客户需求后,计划员还需要将其录入ERP系统,并进行评审和分析。如果企业库存充足,就会直接安排发货;如果库存不足,就要开启后续的计划和生产工作。

需求管理工作的输出之一是客户订单簿,它是一份全部客户需求的汇总表,包含了与客户需求有关的大部分关键信息,如公司代码、工厂代码、送货道口、物料号码、物料描述、库存数量、各时段需求数量、安全库存量、计划员代码等,企业还可以根据需要调整具体条目。客户订单簿(图4.3)会定期持续滚动更新,为客户需求管理工作带来了很多便利。

| Plant | Customer | Dork | Dork description | Order type | Customer group | Part no | DESCR | MRP_RLSD | AVAIL_SHP | F6QT01 | F6QT02 | F6QT03 | KLTTYPOUT | KLTQTYOUT | SAFETY | Planner | Sales |
|---|---|---|---|---|---|---|---|---|---|---|---|---|---|---|---|---|---|
| | | | | | | | | 0 | 0 | 0 | 20180608 | 20180611 | | | | | |
| | | | | | | | | 0 | 0 | 0 | 20180608 | 20180611 | 20180618 | | | | |
| 001 | 50936 | 2 | QP01G1/GAD3 | LAB | 350 | F00000074 | SPREIZMUTTER Plastic Nut | 117297 | 117297 | 20750 | 20750 | 20750 | Q35 | 2000 | 24000 | 0085 | 0062 |
| 001 | 50936 | 2 | QP01G1/GAD3 | LAB | 350 | F00000076 | COUNTERSUNK HEAD SCREW | 317640 | 317640 | 5450 | 5450 | 5450 | Q35 | 1800 | 21600 | 0085 | 0062 |
| 001 | 50936 | 2 | QP01G1/GAD3 | LAB | 350 | F00000077 | srew and washer M6x16 | 166115 | 166115 | 41231 | 41231 | 41231 | Q35 | 1600 | 83200 | 0085 | 0062 |
| 001 | 50936 | 2 | QP01G1/GAD3 | LAB | 350 | F00000081 | Screw & washer M8x40~8.8 | 14000 | 14000 | 11717 | 11717 | 11717 | Q35 | 400 | 8400 | 0085 | 0062 |
| 001 | 50936 | 2 | QP01G1/GAD3 | LAB | 350 | F00000082 | Screw & Washer M8X19,5~8.8 | 120700 | 120700 | 19275 | 19275 | 19275 | Q35 | 700 | 13300 | 0085 | 0062 |
| 001 | 50936 | 2 | QP01G1/GAD3 | LAB | 350 | F00000083 | Hex Nut M12~10 | 10563 | 10563 | 2125 | 2125 | 2125 | Q35 | 200 | 2400 | 0085 | 0062 |
| 001 | 50936 | 2 | QP01G1/GAD3 | LAB | 350 | F00000084 | SCREW M6x22 | 335250 | 196650 | 48262.5 | 48262.5 | 48262.5 | Q35 | 950 | 45600 | 0085 | 0062 |
| 001 | 50936 | 2 | QP01G1/GAD3 | LAB | 350 | F00000085 | PLASTIC RIVET demontierbar | 230200 | 183600 | 50750 | 50750 | 50750 | Q35 | 1800 | 23000 | 0085 | 0062 |
| 001 | 50936 | 2 | QP01G1/GAD3 | LAB | 350 | F00000086 | PLASTIC SCREW M5x16 hf | 427602 | 427602 | 159 | 159 | 159 | Q35 | 3000 | 0 | 0085 | 0062 |
| 001 | 50936 | 2 | QP01G1/GAD3 | LAB | 350 | F00000088 | PUSH NUT Federmutter | 990576 | 490576 | 100975 | 100975 | 100975 | Q35 | 1800 | 106200 | 0085 | 0062 |
| 001 | 50936 | 2 | QP01G1/GAD3 | LAB | 350 | F00000089 | NUT HH EMB 4,25 PLAS | 103200 | 96000 | 32000 | 32000 | 32000 | Q35 | 1200 | 30000 | 0085 | 0062 |
| 001 | 50936 | 2 | QP01G1/GAD3 | LAB | 350 | F00000090 | CLIP BUT M6 | 77400 | 49600 | 9600 | 9600 | 9600 | Q35 | 1400 | 5600 | 0085 | 0017 |
| 001 | 50936 | 2 | QP01G1/GAD3 | LAB | 350 | F00000092 | SPRING NUT DOOR TRIM | 148771 | 148771 | 49000 | 49000 | 49000 | Q35 | 2500 | 132500 | 0085 | 0017 |
| 001 | 50936 | 2 | QP01G1/GAD3 | LAB | 350 | F00000105 | BLIND RIVET NUT M8 | 55000 | 55000 | 10875 | 10875 | 10875 | Q35 | 1000 | 5000 | 0085 | 0017 |
| 001 | 50936 | 2 | QP01G1/GAD3 | LAB | 350 | F00000110 | C-CLIP M6 RAYMOND | 10000 | 10000 | 2375 | 2375 | 2375 | Q35 | 1000 | 4000 | 0085 | 0017 |
| 001 | 50936 | 2 | QP01G1/GAD3 | LAB | 350 | F00000112 | CLIP RAYMOND | 15415 | 10915 | 4910 | 4910 | 4910 | Q35 | 180 | 4000 | 0085 | 0017 |

图4.3　客户订单簿示例

### 二、主计划

主计划就是为实现客户需求与企业产能及核心资源的匹配所做的筹划与安排,它的输入是客户需求,输出有三个,即产能规划、粗生产计划和粗物料计划,对象是成品,目标是在努力满足客户需求的前提下最充分地利用企业可用产能与资源。有些企业把这项工作称为"产销协同计划",它与主计划的性质是类似的。

1. 产能规划

主计划的输出之一就是产能规划,通过将企业产能和客户需求进行比对,确定企业是否能够满足需求及如何采取措施来应对产能不足。

产能是指能够用来满足特定需求的能力。一条生产线的产能是由四个要素共同决定的,即产品(组)、瓶颈工序产能、生产线的设备综合效率(OEE)和可用时间。在除瓶颈工序产能外的其他三个要素确定后,一条生产线的产能就等于其瓶颈工序的最大生产能力。

在日常运营中,企业一般会制订全年12个月的滚动产能评估表(图4.4),由计划部门牵头,会同销售、生产和项目等部门,每月评估一次,分析比对客户需求和产能状态。如果产能不足,则要制订应对措施。追求产能的充分利用是实现卓越运营的重要途径,也是实现企业效益最大化的关键,这也是产能规划的目的所在。

| HCU Capacity Plan | FY2014 | | | | | | | | | | | | 2014Total |
| --- | --- | --- | --- | --- | --- | --- | --- | --- | --- | --- | --- | --- | --- |
| | Jan | Feb | Mar | Apr | May | Jun | Jul | Aug | Sep | Oct | Nov | Dec | |
| Customr Demand | 76368 | 56547 | 58361 | 79045 | 69280 | 61275 | 72070 | 64631 | 64156 | 71401 | 59974 | 61606 | 794714 |
| Ford/SAIC Recall HCU Volume | | | | | | | | | | | | | 0 |
| Total Demand | 76368 | 56547 | 58361 | 79045 | 69280 | 61275 | 72070 | 64631 | 64156 | 71401 | 59974 | 61606 | 794714 |
| C/T | 21 | 21 | 21 | 21 | 21 | 21 | 21 | 21 | 21 | 21 | 21 | 21 | |
| OEE | 86% | 86% | 86% | 86% | 86% | 86% | 86% | 86% | 86% | 86% | 86% | 86% | |
| Daily output | 3136 | 3136 | 3136 | 3136 | 3136 | 3136 | 3136 | 3136 | 3136 | 3136 | 3136 | 3136 | |
| Working Days | 24.0 | 18.0 | 21.0 | 24.0 | 22.0 | 20.5 | 23.0 | 21.0 | 21.0 | 21.0 | 19.0 | 20.0 | 255 |
| Capacity Plan | 75272 | 56454 | 65863 | 75272 | 68999 | 64295 | 72135 | 65863 | 65863 | 65863 | 59590 | 62726 | 798195 |
| Actual Output | 73452 | 68693 | 58405 | 77572 | 65169 | 44768 | | | | | | | |
| GM NA support (HCU) | | | | | | | | | | | | | 0 |
| GM NA support (EHCU) | | | | | | | | | | | | | |
| Ford Recall HCU Kob support | | | | | | | | | | | | | 0 |
| 450M Kob support | | | | | | | | | | | | | |
| Total Capacity | 75272 | 56454 | 65863 | 75272 | 68999 | 64295 | 72135 | 65863 | 65863 | 65863 | 59590 | 62726 | 798195 |
| Gap | -1096 | -93 | 7502 | -3773 | -281 | 3020 | 65 | 1232 | 1707 | -5538 | -384 | 1120 | |
| Stock Level | | | | | | 6000 | 6065 | 7297 | 9004 | 3466 | 3082 | 4203 | |

图4.4 产能规划示例

此外,企业在制订经营计划和预算时也会考虑产能规划,它是战略规划中需要考虑的要点之一。

2. 粗生产计划

主计划的另一个输出是粗生产计划,它的目的是要粗略确定未来各时段所需要生产产品的数量,它的对象是成品,计划的依据是客户需求、现有库存量、产能、工艺参数(如生产批量、生产时间等)及核心物料的供应能力。该计划的主要内容包括时间(即各时段)、期初库存、本期需求、本期计划生产数量和期末库存(图4.5)。

在连续生产运营模式下,主计划也是连续的,它的基本逻辑如下:

(1)期初库存是计划的起点,之后每期的期末库存等于当期期初库存减去当期客户拉动量加上当期生产完工入库量,以此类推。

(2)如果企业需要准备额外的安全库存,则期末库存的目标值需要增加安全库存量;如果企业不需要准备安全库存,则期末库存的目标值为零。

(3) 主计划员的工作职责就是综合考虑期末库存目标值、客户拉动量、生产能力和其他因素，持续确定未来各期间的计划生产量及核心物料供应情况。

| Week | Start | End | Call off(set) | NRX WO(set) | Call off Output(set) | NRX Ending Inv. |
| --- | --- | --- | --- | --- | --- | --- |
| 1 | 1-Jan-23 | 7-Jan-23 | 3850 | 1540 | 3850 | 6776 |
| 2 | 8-Jan-23 | 14-Jan-23 | 5852 | 308 | 5852 | 1232 |
| 3 | 15-Jan-23 | 21-Jan-23 | 0 | 0 | 0 | 1232 |
| 4 | 22-Jan-23 | 28-Jan-23 | 0 | 0 | 0 | 1232 |
| 5 | 29-Jan-23 | 4-Feb-23 | 3234 | 3542 | 3234 | 1540 |
| 6 | 5-Feb-23 | 11-Feb-23 | 4158 | 3542 | 4158 | 924 |
| 7 | 12-Feb-23 | 18-Feb-23 | 2310 | 4774 | 2310 | 3388 |
| 8 | 19-Feb-23 | 25-Feb-23 | 3542 | 4466 | 3542 | 4312 |
| 9 | 26-Feb-23 | 4-Mar-23 | 2310 | 3542 | 2310 | 5544 |
| 10 | 5-Mar-23 | 11-Mar-23 | 3388 | 3542 | 3388 | 5698 |
| 11 | 12-Mar-23 | 18-Mar-23 | 1232 | 3080 | 1232 | 7700 |

图 4.5　主计划示例

3. 粗物料计划

主计划的最后一个输出是粗物料计划。当主计划确定了不同时段的粗生产计划时，它也相应确定了不同时段的核心物料粗需求量，这便是粗物料计划。因为该数量还没有扣减现有库存量，所以它并不是净采购量，但它可以用作物料预测，这对于长周期物料的采购工作非常重要。

## 三、生产计划

生产计划就是为了完成生产任务并实现产能匹配所做的筹划与安排，它的输入是主计划中的粗生产计划，它的输出是各工序或生产线的生产排程及依此释放的《生产工单》。

生产计划与主计划和生产排程的关系非常密切，也非常容易混淆。如前所述，主计划的目标是在满足客户需求的前提下实现与产能及核心资源的匹配。典型主计划运算方式就是在扣除现有库存后，不考虑生产情况而直接将净客户需求数量转化为各时段的生产任务。当生产线的复杂度低且稳定性高时，可以在运算主计划时直接输出生产计划。

生产排程是指每个生产中心或机台的生产时间、数量及不同生产任务的顺序，它的输入和参考依据就是生产计划，目标是在准时完成生产计划的前提下实现高效率和低成本。当生产线的复杂度低且稳定性高时，也可以将生产计划直接用作生产排程。

如图 4.6 所示，生产排程的主要内容包括：工作中心代码（Machine）、顺序（Sequence）、生产工单号（Work order）、料号（Part no）、生产批量（Production Qty）、报工数量（Reported Qty）、报废率（Scrap rate）、净数量（Net Qty）、产品描述（Part description）、主物料（Major material）、主物料需求数量（Rrequired Qty）。这是由生产计划员和生产团队共同制订的，并且会定期探讨和更新。

| Machine | Sequence | Work order | Part no | Prod. Qty | Rep. Qty | Scraprate | Net Qty | Part description | Major material | Required Qty |
|---------|----------|------------|---------|-----------|----------|-----------|---------|------------------|----------------|--------------|
| NF130 | 1 | 4500 | 88100036 | 110000.00 | 0.00 | 0.00 | 110000 | HFN M8x1.25-7.7-CL8 | 88800088 | 843.70 |
| NF130 | 2 | 4501 | 88100036 | 110000.00 | 36140.00 | 100.00 | 73760 | HFN M8x1.25-7.7-CL8 | 88800088 | 843.70 |
| NF130 | 3 | 4533 | 88100036 | 110000.00 | 0.00 | 0.00 | 110000 | HFN M8x1.25-7.7-CL8 | 88800088 | 843.70 |
| NF130 | 4 | 4534 | 88100036 | 110000.00 | 0.00 | 0.00 | 110000 | HFN M8x1.25-7.7-CL8 | 88800088 | 843.70 |
| NF130 | 5 | 4535 | 88100036 | 110000.00 | 0.00 | 0.00 | 110000 | HFN M8x1.25-7.7-CL8 | 88800088 | 843.70 |
| NF130 | 6 | 4536 | 88100036 | 110000.00 | 0.00 | 0.00 | 110000 | HFN M8x1.25-7.7-CL8 | 88800088 | 843.70 |
| NF130 | 7 | 4537 | 88100036 | 110000.00 | 0.00 | 0.00 | 110000 | HFN M8x1.25-7.7-CL8 | 88800088 | 843.70 |

图 4.6 生产排程示例

由上图可见，如果不出意外，生产团队只需要按照既定顺序进行生产执行，物料也按这个顺序进行供应。然而，由于生产过程充满变数，无论是设备、模具、材料供应，还是质量、人员等，都可能出现异常，那么，机台的生产顺序就可能不得不做出调整。如果变化很大，就不得不更换产线或时段，这就需要调整生产计划。由于生产环节存在多因一果的特征，一旦某个要素（如组装生产中的某个物料）不能及时到位，导致生产排程或计划进行调整，原来按计划供应的物料就会搁置，新调整的计划又可能急需其他物料，此时就会出现生产计划达成率低、高库存和缺料同时存在的现象。

生产计划是整个计划体系中变数最大的一环，根本原因就是它的多因一果，比如操作工、设备、物料、能源、工艺标准、测量等，任何一个要素的异动都会导致计划未达成。尽管有些专家提出了高级计划系统（Advanced Planning System，APS），但是计算方法的改进并不能改变现实的要素异动。根本的解决方法还是要降低不确定性，提高协同能力准备安全库存，并做好应急响应。

## 四、物料计划

物料计划，又称物料需求计划（Material requirement planning，MRP），是为了实现物料需求与物料供给的匹配所做的筹划与安排，它的直接输入是生产计划，同时由于部分物料的采购周期过长，这类物料的采购需要参照粗物料需求来进行。它的基础条件是现有库存量和供应参数（如批量、采购周期和安全库存），它的输出是净物料需求，并会转化为要货计划、要货令或采购订单。

如图 4.7 所示，物料计划的主要内容有：时间围栏、生产任务数量、含报废率的生产任务数量、订货数量、理论上的期末数量、提货时间等。它的基本逻辑就是进销存，即期初库存（或上期期末库存）-本期销项（出货量）+本期进项（收货量）= 本期期末库存，之后以此类推。

| WEEK NUMBER | START Monday | END Friday | Starting Inventory | Total Production | Total Prod w/ safety | Quantity on Order | Ending Inventory | Quantity to Order | Theo ending Inventory | Pick-up Date |
|---|---|---|---|---|---|---|---|---|---|---|
| 8 | 15-Feb-10 | 19-Feb-10 | 41 415 | 3,054 | 3,057 | | 38,358 | | 38,358 | |
| 9 | 22-Feb-10 | 26-Feb-10 | 38 358 | 7,026 | 7,033 | | 31,325 | | 31,325 | |
| 10 | 1-Mar-10 | 5-Mar-10 | 31 325 | 6,350 | 6,356 | | 24,969 | | 24,969 | |
| 11 | 8-Mar-10 | 12-Mar-10 | 24 969 | 8,340 | 8,348 | 50,000 | 66,620 | | 66,620 | |
| 12 | 15-Mar-10 | 19-Mar-10 | 66 620 | 5,642 | 5,648 | | 60,973 | | 60,973 | 50,000 |
| 13 | 22-Mar-10 | 26-Mar-10 | 60 973 | 9,358 | 9,367 | | 51,605 | | 51,605 | |
| 14 | 29-Mar-10 | 2-Apr-10 | 51 605 | 9,660 | 9,670 | 3,000 | 44,936 | | 44,936 | |
| 15 | 5-Apr-10 | 9-Apr-10 | 44 936 | 9,520 | 9,530 | | 35,406 | | 35,406 | |
| 16 | 12-Apr-10 | 16-Apr-10 | 35 406 | 9,800 | 9,810 | | 25,596 | | 25,596 | |
| 17 | 19-Apr-10 | 23-Apr-10 | 25 596 | 11,620 | 11,632 | 50,000 | 63,965 | | 63,965 | 50,000 |

图 4.7 物料计划示例

## 五、交付管理

交付管理，又称配送管理，就是为了满足客户到期需求所做的发货安排，它的对象是成品，它的输入是客户订单或要货令，它的输出是发货令。在成熟的计划系统中，系统会根据客户到期需求自动生成发货提示信息，计划员根据提示信息和库存情况释放发货令，仓库团队按照发货令进行取货、备货并安排发运。

## 六、计划的逻辑

计划的基本逻辑就是供需匹配。整个计划始终都是在围绕三个关系匹配而展开，即客户需求与企业供给匹配、生产任务与生产排序匹配和物料需求与物料供应匹配。它们又分别对应了三个子计划，即主计划、生产计划和物料计划。在它们之外，需求管理在前端接收客户需求，而交付管理在后端实施交付（图4.8）。简单梳理一下，计划工作共分五步：（1）接收客户订单；（2）运算主计划，输出粗生产计划和粗物料计划；（3）运算生产计划，输出生产工单和排程；（4）运算物料计划，输出采购订单；（5）完成向客户的产品交付。

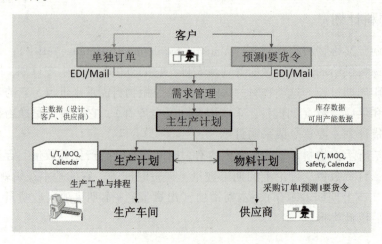

图 4.8 计划体系

## 七、计划管理的 KPI

根据工作实践，这里给出了七个计划职能关键绩效指标（KPI），即客户准时交付率、库存周转率、单位人员产出率、超额运费率、生产计划达成率、供应商准时交付率和差错率，其中前四个指标更为关键，以下分别介绍。

1. 客户准时交付率

这是用来衡量客户订单履行绩效及客户满意度的重要指标。它由计划职责负责计量，但反映的是整个企业运营的绩效水平。

2. 库存周转率

这是用来衡量企业库存控制水平的指标。计划的核心过程也是库存控制过程，库存过高会占用大量资金并增加存储成本，为此企业都是严格控制库存水位。库存周转率就是企业的库存周转效率，一般按照天数计算。为了实现精准控制，还可以将其分解为原材料、在制品、成品等分项指标。

3. 单位人员产出率

这是衡量企业资源效率的关键指标。如果关键生产要素不是人而是场地面积或其他资源，可以进行相应修改。

4. 超额运费率

它是衡量物流成本异动的关键指标。通常，超额运费的发生能够直接反映出运营的异常。

5. 生产计划达成率

它是衡量生产职能是否运行正常的一个指标。生产环节是客户订单中的核心环节，生产计划是否达成往往能够反映出运营中的很多问题，比如，人员是否充足、设备是否正常、物料供应是否及时等，它还可能影响客户准时交付率。

6. 供应商准时交付率

它是衡量供应商交付绩效的重要指标。一旦供应商不能及时交付，很可能影响生产进程，甚至影响客户准时交付率。

7. 差错率

它是一个逆向反馈指标。通过内外部投诉来衡量质量表现、物料表现等其他运营表现。

## 第三节　计划管理问题解析

如果一个企业的计划管理做得不好，就会导致运营绩效不佳，如客户准时交付率低、企业库存高、成本高、效率低。它们有时会同时出现，也有时客户交付率尚可，但其他指标很差。也就是说，在计划管理不善时，企业不得不通过牺牲其他利益来勉强保证交付。造成计划管理差的原因是多方面的，以下分别介绍。

## 一、基础信息不完善

基础信息是企业实现卓越运营的先决条件,这里是指有关计划的各种档案、参数和信息。如果这些信息存在缺失或差错,就会导致各种问题,如计划工作效率低、计划输出质量差、生产停线、库存忽高忽低、不同环节间计划不匹配、不同职能间无法顺畅沟通等。从某种角度看,计划工作就是信息处理的工作,企业须具有完整明确和文件化的基础信息并定期维护,涉及企业的客户、供应商、货代、生产、采购、物流、交付等各环节,具体内容如下:

(1)设计档案,包括物料主数据、物料清单、工艺路线和包装数据,如物料代码、工艺路线、批量大小、安全库存、前置期、节拍、OEE 等;

(2)客户/销售数据,包括客户档案、销售合同档案和销售订单簿;

(3)供应商/采购数据,包括供应商档案、采购合同档案和采购订单簿;

(4)内部运营数据,包括生产历史记录、交货历史记录和收货历史记录;

(5)物流基础数据,包括仓库设置和运输设置;

(6)库存数据,包括原材料、在制品、成品,也包括厂内库存、在途库存及客户端的寄售库存。

## 二、计划工具不适用

没有先进适用的计划工具,既影响计划工作的效率,又影响计划工作的质量。常见的计划工具分为四种:Excel、小软件、初级 ERP 和高级 ERP/APS。其中,Excel 的好处是灵活、快捷、投资少,缺点是无法处理多维度的复杂数据;小软件比 Excel 更加高效,但不够集成,与 ERP 系统不兼容;初级 ERP 的好处是在制订计划时可以引用 ERP 数据,但一般都不能自动运算 MPS/MRP,而是借助外挂的 Excel 来完成;而高级 ERP/APS 是最先进的,它以 ERP 系统为基础并自动执行计划运算,效率高、质量好,缺点是投资大并且需要做好基础数据的维护。其实,每一种工具都有它的适用性,尤其是 Excel 功能强大,对于中小企业来说,也是一个很好的工具,但必须开发出适合本企业的高效协同的模板。总之,企业应采用先进适用的信息工具(如 ERP),以便计划员能够快速获得计划参数和运营数据。

## 三、计划模式不集成

如前所述,在传统运营模式中,主计划、生产计划和物料计划分属于销售、生产和采购三个部门,这样将一个完整的订单履行过程分割成三段,跨部门隔墙导致分工不清、沟通不畅,比如,由不同部门分别负责原材料、在制品和成品的库存控制,容易各自为政,难以有效管控库存。

## 四、产品过程质量不良

只有合格品才存在价值,所有不良产品都是浪费。一旦出现不良,就会造成中断、停滞、返工、退回等一系列问题,原有计划就会失效,不得不制订紧急计划,这又会打乱其他产品或机台的计划，它的后果往往是难以预料的，所以，最优的选择就是要保证各个环节的完美可靠，不产生不良产品。

### 五、生产过程不稳定

计划的前提是过程稳定，我们总是无法对变化的事务进行计划。如果生产过程无法得到控制，经常出现这样或那样的意外，必然导致计划失效。计划需要不断应对多变的客户需求和外部异常，如果生产过程无法快速灵活地调整，就无法实现生产与需求的匹配，也就无法做好计划。为此，企业首先要做到生产过程稳定，还要提高企业生产系统的灵活性，有能力应对客户需求的变化。

### 六、供应端灵活性低

与生产过程对计划的影响类似，如果供应端不断出现波动，必然导致企业内部的生产过程波动和计划失效，为此，企业应该强化供应端的管理，做到稳定和灵活。

### 七、设计策划复杂度高

供应链的复杂度越高，它的变数就越多，计划的难度就越高，而计划的效率和质量就会越差。很多因素决定着供应链的复杂度，其中，设计对它的影响最直接。产品和工艺设计决定着物料种类的多少、工艺变数的多少、技术信息的标准化，甚至是供应商数量和客户数量。要做好计划管理，就需要从设计之初就遵循"精简和总成本最优"原则，减少物料种类和供应商数量，降低工艺变数，做好分类和标准化，降低供应链的复杂度。

### 八、组织及流程不合理

组织分工会影响团队的协同能力。在一个企业中，每一个部门都存在内部利益焦点，跨越利益焦点的基本方法是：（1）做到分工合理而明确；（2）制定规范的工作程序。

简单依靠所谓的团队精神是无法持续的，计划管理是一种典型的跨部门协调的工作，它需要分工合理和流程明确，因此，企业应建立文件化的、完整的、与订单履行一致的计划管理程序或流程图，其中须包括需求管理、主计划、生产计划、物料计划和交付管理，并与实际操作保持一致。鉴于库存管理的重要性，企业应制定完善的库存控制程序，涵盖成品、在制品、原材料等全部物料，并确定库存控制的策略、方法、指标和检查机制。

## 案例4-1　R企业订单履行程序

客户订单的履行过程几乎就等于计划管理的过程，不同企业之间在这一点上大致是相同的。

如图4.9所示，订单履行流程涵盖了从接收客户订单到交付开票的全过程，明确了各环节的职责及相互关系，以下分别介绍。

**1. 接收客户订单**

收到客户订单后，计划员负责录入ERP系统并检查复核。如果存在因在途库存的

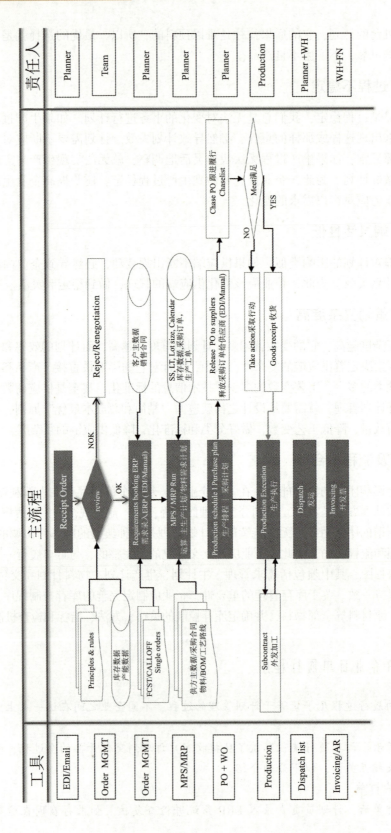

图 4.9 订单履行流程示例

延迟而造成差异，计划员还需要进行修正。

**2. 维护基础档案和供应链参数**

无论在新项目导入期间，还是在项目量产阶段发生变更时，计划员都需要协调相关方及时更新基础档案和供应链参数，如客户档案、供应商档案、设计档案、MOQ、提前期和安全库存等，保证其正确。

**3. 运算 MPS/MRP**

有些 ERP 系统可以自动运算 MPS/MRP，只要点击系统界面上的 "MRP run" 即可，但要保证结果正确，还需要做到基础数据正确、MRP 逻辑设置正确，并且系统运算后还需要对结果进行复核。当前大部分企业还都是用 Excel 进行手工计算，虽然效率不高，但能基本满足需要。

**4. 输出生产计划**

MPS/MRP 运算的输出之一是生产计划，它会被转换成生产工单，下发到生产现场，之后生产团队会执行生产任务并通过系统持续报工。一旦出现异常，生产团队需及时报告或升级，计划员也需要参与协调，必要时，还需要与客户沟通。

**5. 输出物料计划**

MPS/MRP 运算的另一个输出是物料计划，计划员会参照它来制订采购订单，并跟进物料进程。一旦出现异常并影响生产计划，计划员需要及时协调，保证生产计划的按时达成。

**6. 实施交付**

生产完成后成品会完工入库，计划员会按照订单要求释放发货指令或发货计划，仓库据此进行备货、装车、准备发货文件，直至完成发货。

## 九、计划员技能不足

所谓计划员，是对所有计划人员的通用称谓，其实，它又细分为销售计划员、生产计划员和物料计划员。如图 4.10 所示，一个典型的计划员岗位所需要的技能是多方面的。

| Daily | Weekly | Monthly | Yearly |
| --- | --- | --- | --- |
| •查看客户公告,通知相关人员 | •下载客户预测,应答客户问询（产能调查等） | •检查客户端绩效表现 | •更新日历 |
| •查看和下载客户端CALL OFF | •更新客户订单簿 | •检查供应商绩效表现 | •企业日历 |
| •ONLINE预约提货 | •制定MPS,确定毛需求 | •检查库存绩效,处理呆滞 | •工厂日历 |
| •根据call off,在系统中制定发货/调拨指令 | •制订生产计划并释放WO | •核对客户预测达成率 | •供应端日历 |
| •跟踪原材料到达情况 | •运算MRP并释放PO | •更新客户端主数据 | •客户端日历 |
| •更新《物料采购订单跟踪表》 | •跟进生产进程 | •更新SS, MOQ, LT, ILT | •更新供应端提货窗口时间 |
| •处理异常 | •办理原材料付款申请 | •分析需求vs产能并应对 | •更新客户端发货窗口时间 |
| | •分析客户订单簿 | •更新交付计划给仓库 | •重设供应商端累计收货数为零（如需要） |
| | •分析成品库存状况 | •实施对账(供应商/运输商) | •重设客户端累计发货数为零（如需要） |
| | •分析原材料库存 | •实施客户端对账 | |

图 4.10 计划员工作内容示例

### 案例 4-2　如何培养计划员

计划岗位的重要性已经被越来越多人认同，但很多企业却很苦恼，它们很难招聘到优秀的计划员，这里分享一下某家企业培养计划员的要点。

**1. 选拔是培养的前提**

在简历筛选和面试时，管理者不仅要关注候选人的技能，还要关注潜质，包括：(1) 是否擅长逻辑分析和应对复杂事务；(2) 是否具有数据处理能力和使用 Excel 或 ERP 的技能；(3) 是否掌握现代办公软件，如 MS-office。此外，还需要知道他或她是否熟悉生产工艺和流程等，这些都会作为后期制订培训和辅导计划的重要依据。

**2. 培训需要全面**

到岗后，管理者需要针对特定人员制订相应的培训和辅导计划，举例如下：

- 入职阶段：制订 3 个月培训计划，启动培养行动。
- 入职后第 1—2 周：初步完成关键培训，包括供应链/计划管理、订单履行程序、生产工艺、ERP 等，以便使其迅速进入角色。
- 入职后第 3—4 周：转入计划助理角色，在老计划员的指导下开展工作，并在实践中掌握计划员的知识与技能。
- 入职后第 5—10 周：由浅入深，循序渐进，逐渐成熟，由专人辅导。
- 入职后第 11 周：开始独立操作。

**3. 必须掌握的基础信息和数据**

主要内容与基础信息中所列明的是一致的。经过以上一系列的培训和辅导，绝大部分人员都会成为优秀的计划员。

## 十、检查不到位

如果缺少了合理的绩效管理机制，就无法实施目标管理和奖罚公平，就不能有效地激励和约束团队；要做好计划管理，也同样适用。企业应建立合理而具体的计划管理 KPI，不仅关注交付，更要关注库存和成本，同时进行定期考核与奖惩。为保证执行到位，企业应做到检查和沟通到位，即建立定期、分层、结构化的检查及沟通机制，如生产计划协调会等，及时发现异动并纠正。

## 十一、战略管理缺失

除了以上列出的原因之外，还有一点项常常被大家忽视，那就是战略——企业战略及企业运营战略。战略决定了企业地位、客户选择、运营模式和行动策略，从而影响着企业的计划工作。如果战略管理不到位或者战略上处于不利地位，企业的计划管理也是很难做好的。为此，企业应先期制定企业战略及全面运营战略，强化市场地位，优化客户管理，降低供应链复杂度，从而让计划管理更加卓越。

## 小　结

　　计划就是筹划计算，就是供需匹配，就是库存管控，就是订单履行，就是信息处理，就是协调调动，它持续驱动着实物流动，影响着企业的整体绩效。计划不是一个只要做好本职工作就能实现卓越的工作，它需要与订单履行过程中多个相关方进行沟通与协调，只有大家都好，计划才可能好。影响计划的原因是多方面的，基础信息必须完善，计划工具和模式需要先进适用，生产、质量、供应等相关方需要稳定，组织分工和流程需要合理，计划人员需要优秀，还需要绩效管控到位和战略构建高超。

### 思考题

1. 什么是计划管理？
2. 分段计划和集成计划的优缺点各是什么？
3. 导致计划管理不佳的原因有哪些？

# 第五章
# 执行层之生产管理

企业难，最难在生产，这是很多生产型企业的共识。无论是在人员数量上，还是在资源占用上，生产部门在企业中的地位都是首屈一指的，它始终对企业的质量表现、交付水平和成本具有重大的影响。

## 第一节 什么是生产管理

### 一、生产管理概述

生产就是通过加工或组装将原材料或零部件转化为成品的过程和活动。生产管理是对生产过程和活动所实施的策划、组织、决策和控制，目的是实现最优产出。

生产管理是执行层中九个模块之一，它与下游的需求管理和上游的采购管理模块三者连成一线，构成企业运营中最核心的业务履行通路。在该通路之上是计划管理模块，这表示整个通路都属于计划管理的职能范围；而在通路之下是物流管理、设计管理、质量管理、沟通管理和资金管理等模块，这表示整个通路与其他执行模块密切相关。

### 二、生产职能的属性

1. 生产就是实物转化

生产就是实物转化，就是将原材料或零部件进行加工组装，转变为完工品，它对原材料赋予了新的属性和价值，被大家普遍认定为一个重要的增值环节。同时，它也具有鲜明的实物属性，所有生产过程同时都是实物流转过程，都需要空间和场地进行储存，都需要设备或工具进行搬运和处置。

2. 生产是一个过程

生产不仅是一个转换环节，更是一个过程。它有上料、加工和下料，加工只是整个过程中的一环。为此，要改善生产，就必须改善整个过程而不仅仅是转换环节。有些生产过程只包含一道工序，但有很多生产过程包含多道工序，在这种情况下，整个生产过程的产出是由各个工序共同决定的，这大大增加了生产管理的难度。

3. 生产是一个复杂系统

生产不仅是一个过程，它更是一个系统。图5.1所示的生产系统，整个系统的主要输入是原料，辅助输入是人工、水、电、气等，加工转换由设备或人工完成，主要输出是成品，同时还存在监测控制单元，它们共同构成一个完整的运行系统。为此，要取得最优产出，不仅需要管控主要输入源（即原材料），还要同时管控辅助输入源，并实施监控，当出现偏差时及时调整输入或加工转换单元。而且工序越少，生产系统越简单，管理越容易；工序越多，生产系统越复杂，管理难度也就越高（图5.2）。

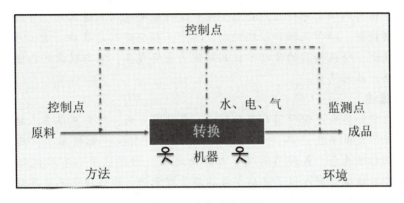

图 5.1　生产系统示例

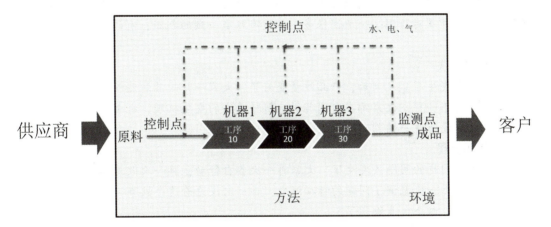

图 5.2　多工序生产系统

4. 生产过程存在诸多限制

生产的任务不仅是"把产品做出来"，还需要做到：（1）质量、数量和时间正确；（2）成本合理；（3）符合安全健康要求和其他要求。所有这些都是对生产的限制条件，限制条件越多，生产系统越复杂，生产管理难度也就越高，这是生产管理中不容忽视的。

5. 生产是典型的多因一果范式

因果关系是事物间最重要的关系之一，有因必有果，有果必有因，要想解决问题，就要从原因入手。其中，一因一果关系最简单，而多因一果（或多果）关系就复杂多了。生产是一个典型的多因一果关系范式，很多因素决定着生产的产出，包括人、机、料、法、环、测等，这是生产管理有别于其他职能的地方，也是生产管理具有高复杂度的原因所在。

### 案例 5-1  多因一果大大增加管控难度

**1. 背景信息**

这是一家国有的陶瓷地砖生产企业,生产过程主要包括五道工序,即原料制备、毛坯成型、素坯烧制、砖面施釉和釉坯烧制。其中,釉坯烧制是最后一道工序,通过在窑炉中的高温烧制,将施釉后的素坯半成品转化为最终成品,它与前面的各道工序一起共同决定了最终产品的质量。

**2. 问题描述**

问题往往突如其来,但原因却不知所终。忽然有一天,工厂里很多人都在说,釉坯烧制车间出现了大批不良产品,出炉后的产品釉面有裂纹,都报废了,而且找不到原因。企业上下都很着急,各部门的领导都奔向现场、出谋划策。有人说釉面成分有问题,配料重量不精确;有人说是素坯半成品质量有问题,烧成温度不足导致半成品性能差;有人判断窑炉温度不均导致产品开裂;有人判断是燃料(煤气)成分不稳定导致炉温不足;有人判断是窑炉的辊道出了问题,产品在炉内时间过长;还有人说窑炉冷却风机坏了,未能及时降温……原因很多,但没有权威一致的判断,有的人赶紧修补自己地盘的漏洞……

**3. 问题消失**

奇迹突然发生了。几天后,产品质量变好了,大家一片欢欣。然而,不同部门的人给出的原因都不一样,大家都在自圆其说地解释着它的发生机理,也都在炫耀着自己的功绩,但始终没有统一的判断和结论。

**4. 问题再现**

半年后,同样的问题又发生了,大家再一次各自行动,再一次做着各种尝试,再一次给出判断,再一次见证了问题的神秘消失,再一次谈论着这个故事……这样的事反反复复,最后呢,这个企业倒闭了。

**5. 教训**

这是真实的故事,每每谈起不免唏嘘,因为类似的故事很多很多。为什么会变成这样?生产过程是典型的"多因一果",每一个因素都是变量,都是必要条件,只有让所有因素都不变,才能获得预期的结果。

6. 生产是企业管理的核心

企业运营始终都会发生成本,而生产过程所发生的成本在总成本中占比往往是最高的。在生产转换过程中,企业不仅需要花费人工、开动设备、占用场地,还要消耗物料、能源、投入管理资源等,所有这些都是成本,因此,生产是企业最重要的成本中心,生产部门及生产管理也始终被认为是企业运营的最核心部分,具有非常重要的地位。

### 三、生产与其他职能关系

如前所述,生产是典型的多因一果范式,它与企业中其他很多职能都有着密切的关系，相互间配合的好坏也会始终影响生产绩效的高低。

1. 生产须与物流密切配合

首先，生产与物流之间始终需要密切配合。要生产就需要有物料，仓库负责提供物料；生产结束后将完工品转入仓库，物流（包括仓库）负责搬运、接收和储存。物流要为生产服务，生产是核心，物流是支持，二者需要紧密配合，才能实现高效运转。

其次，严格地讲，生产过程也是一个物流过程。在生产单元，原材料被送上机台，加工完成后，产品从机台拿下来转入下道工序。整个过程既是一个加工过程，也是一个实物流转过程，甚至有些加工方式（如辊道窑式热处理），物流和加工二者是同时发生的。因此，要做好生产管理，不可忽视它与物流的配合。

2. 生产过程也是质量管理过程

产品质量是生产出来的，而不是检验出来的。产品生产的过程也是质量保证的过程，为此，在考虑生产管理时，就需要充分考虑生产质量。反之亦然，在考虑质量管理时，也需要既保证产品质量，又不会影响或尽可能小地影响生产效率。任何只强调一方面而忽视另一方面的做法都是错误的。

3. 生产须服从计划的指挥

计划的范围涵盖整个订单履行及供应链过程，生产只是其中的一个部分。计划的主旨是筹划与安排，生产的主旨是高水平地履行计划的指令。计划在前、生产在后，计划指挥、生产执行，这是二者的基本关系。

4. 生产须遵循设计的技术要求

所有的生产执行都要遵循技术要求，而技术要求的制定者就是设计部门。设计部门通过自己设计或者从外部引用而获得设计方案，之后，通过产品图纸、《生产作业规范》《质量检验规范》等多种形式，将其传递到包括生产现场在内的各个执行单元，并得到执行。因此，生产须遵循设计的技术要求，这是生产与设计之间的基本关系。

5. 生产是采购的内部客户

要生产就要有物料，如果外购物料不能按时到达，生产线就只能停工待料或改变生产计划，损失会非常严重。采购（这里的采购包括供应商开发和物料调达）的首要职责就是要保证物料供应，生产是采购职能的内部客户，采购需要支持生产，生产也需要与采购配合，这便是二者的关系。

6. 生产管理包含了设备管理

生产就是加工转换，生产设备就是加工转换的工具，也是影响生产绩效的重要要素之一。设备的先进性决定生产的先进性，设备的稳定性决定生产的稳定性，为此，在生产管理工作中始终都要非常重视设备管理，包括设备选择、维护保养、日常点检、备件准备等。随着人工成本的持续升高，企业生产中会越来越多地采用自动化、智能化设备，既保证生产效率，又能实现质量稳定。

7. 生产需要保证安全

如果安全得不到保证，企业就不能生产，保证安全是生产的底线；而如果企业不做生产，安全管理也就失去了意义，安全的目的就是保障生产，这是二者的基本关系。这里的安全是指 EHS，即安全、健康和环保。近年来，国家对 EHS 重视程度越来越高，企业也必须主动提升安全意识，采取措施，保证安全生产。

## 第二节　生产管理的任务

生产管理的主要任务可以分为四项，即构建生产体系、制订生产排程、执行生产作业和管控辅助要素。

### 一、构建生产体系

生产管理的首项任务就是策划和构建生产体系。生产的基本属性是实物转化，为了储存实物，它需要场地设施；为了加工实物，它需要设备工具；为了驱动设备，它需要能源供应；为了物料进出，它需要物流运作；为了规范作业，它需要作业规范；为了保证质量，它需要质量检验；为了履行生产工单，它需要制订生产排程；为了物流高效顺畅，它需要优化布局和路线。不仅如此，为了开展这些工作还需要配准人员，需要直接人员和间接人员来组建团队。在开始生产之前，所有这些工作都需要精心策划和落实到位，这就是企业生产体系的构建。

简而言之，构建生产体系的主要内容包括场所规划、设备选择、线体设计、物流规划、团队组建、计划模式确定、质量保障系统建立及所有这些工作的实施到位。其中，线体设计是核心，在具体实施中物流体系策划却常常被忽视，物流配套不到位会影响生产效率，必须在生产体系策划的初期就得到足够的重视。卓越的生产管理始于策划，它的影响是重大和长期的。

### 二、制订生产排程

生产管理的第二项任务就是制订生产排程。如前所述，生产须服从计划的指挥，也就是接受生产计划的安排并履行生产工单。

需要特别说明的是，这里的生产排程既可以指生产计划，也可以指生产计划与排程，视场景而定。一般来说，生产计划是指企业对某一时段所有生产任务在时间和顺序上的安排计划，而生产排程是指生产工单在各机台和工序上的流转顺序。在有些企业的组织与流程分工中，生产计划和排程全都交给了生产团队来负责，而有些企业则将生产计划交给了计划职能部门负责，而只把生产排程留给生产团队负责，所以，这里的生产排程具有双重含义。

生产的目标就是要实现生产能力与生产需求的匹配，为此，所有生产任务都被具体细化为各工序的生产安排，包括品种、数量和时间。如果是专线生产，那生产计划和排程是比较简单的；而如果是共线生产，那就要复杂得多，它不仅要考虑净生产时间，还要考虑换产时间、生产均衡和合理库存，所以，制订生产计划与排程是生产管理中非常复杂的一项工作。

这里介绍几种典型的生产排序方法，供大家参考。

1. 先来先做法

先来先做法就是按照接收工单的时间先后进行排序,先来的先做,后来的后做。这是一个最常用的也是最公平的方法,它也是其他排序方法的基础。

2. 紧急插单法

紧急插单法就是将紧急或重要的订单优先生产,并将其他工单顺延的方法。比如,企业有紧急需求时,企业会修改原有计划,优先生产紧急工单。

3. 增加产能法

增加产能法就是当客户增量突然增加时,企业通过加班、增加临时工或外包等临时性方法,短期内增加产能来完成任务。

4. 极短交期法

极短交期法又称快速反应法,是企业为了应对需求的不确定性,通过极致性的方法以提高或保持本组织的响应能力,无论外部因素如何变化,企业都可以快速应对。这种模式下,企业须同时考虑自己的定价方式能够补偿由此增加的成本。

5. 联线法

联线法是将多道工序联结在一起,保持相同的速率,从而变成一道工序。其优点是缩短了工序间的等待时间、消除了异动,并降低了排程复杂度;但要特别注意,一旦其中某台设备出现异常就会造成全线停机,从而影响生产。

6. 超市法

超市法就是在两道工序间设立一个类似超市的半成品存放区,后道工序根据需要进行持续取货,前道工序根据库存进行持续补货,从而在多工序生产模式下实现高效率和低库存。

## 三、执行生产作业

生产管理的第三项任务就是执行生产作业,也就是按照生产工单的要求和工艺技术的要求,利用设备工具或人工操作,将原材料或零部件加工转化为成品并包装入库的过程,此时还要同时保证其符合质量要求、时间要求、数量要求和成本要求。生产作业被认为是真正实现产品增值的环节。

鉴于生产的多因一果特征,要实现完美生产,就需要筹划和执行好每个环节与要素。这里对生产作业中的关键步骤做简单介绍。

1. 生产准备

在开始生产之前,需要认真检查当期的生产安排及各个生产要素,确保全部措施安排到位,包括人、机、料、法、环、测等。

2. 人员安排

按照工艺要求,在各个岗位上做好人员安排。生产作业不仅要做到人手充足,还要做到训练有素和团队协作。

3. 上料

生产加工需要物料就位,连续生产需要物料的连续供给到位,为此,需要做好与物流的协同配合,保证生产过程的稳定高效。

#### 4. 加工操作

生产过程的核心是加工操作，有的会利用设备工具，而有的会依靠手工操作。无论怎样都需要符合技术要求和质量要求，这促使生产团队提前制定作业指导书和技术规范并培训到位。

#### 5. 质量检验

质量检验的目的就是保证品质合格，如首末件检验、过程抽样检验等。一般来说，检验工作会影响生产效率，但缺少了检验又会担心产品质量不佳，这是很多企业都遇到的难题。

#### 6. 包装入库

生产完工后需要及时将成品下线和包装，长期滞留会阻碍生产。包装作业也是非常重要的，它不仅影响产品质量，还影响作业效率、产品数量和物料标识的正确性，为此，需在生产线设计时就给予充分考虑。

### 四、管控辅助要素

除了以上三项主要任务之外，生产管理中还需要对很多辅助要素进行管理，它们都是必不可少的，以下分别介绍。

#### 1. 生产信息录入

生产过程也是物料流动的过程和内部交易的过程。为了实现精准生产计划和生产绩效管理，在生产工单流转过程中需要及时准确地报告生产进程和表现，比如工单号、物料耗用数量、加工工序、加工时间、良品数量、报废数量、检验节点、操作人员等。

#### 2. 设备管理

设备是生产运营的重要资源和企业的重要资产，生产设备是加工的核心工具，直接影响生产绩效。设备管理是一项系统性工程，需要专业设备团队负责。全员生产维护（Total Production Maintenance，TPM）是很多企业所认可的设备管理方法，它不仅注重点检，也注重预防；不仅强调专业维修人员的技能，也强调全体人员的共同参与和努力。

#### 3. 现场管理

从某种角度看，生产管理也是现场管理，现场是否整洁有序直接影响物流顺畅程度、团队士气以及生产绩效，因此得到普遍重视。5S目视化是大家普遍认可的现场管理方法。

#### 4. 安全管理

安全无小事，安全管理是整个生产管理中的一个分支，需要企业建立完善的安全管理体系，准确识别安全风险，注重预防和全员参与，在完成生产任务的同时必须保证安全。

#### 5. 能源动力管理

越是复杂的生产模式往往越需要大量的设备及能源动力供应，比如煤、电、油、天然气、水力、压缩空气等，企业需要对它们进行必要的管理。

#### 6. 班组管理

人是生产管理中最具能动性的要素，要完成生产，就必须打造强大的生产团队。班组是最基层的生产队伍，班组的团队建设、培训辅导、沟通交流、绩效管理等都是重要的内容。

## 案例 5-2　为什么 5S 目视化推行不力

### 1. 5S 目视化的定义

5S 起源于日本，是在生产现场中对人员、机器、材料、方法等生产要素进行有效管理的一套方法，它具体包括整理（SEIRI）、整顿（SEITON）、清扫（SEISO）、清洁（SEIKETSU）、素养（SHITSUKE）五个部分。

目视化就是把潜在的信息显现化，做到有章可循、一目了然、易于判别、易于执行、易于检查和纠正。它的基本原理是以视觉信息为手段，通过显现化、公开化和透明化，让大家看得见、容易理解和执行到位，如电子显示屏、横幅、色标、箭头、线条、标识等。

### 2. 推行不力的四个主因

（1）认知不足。

结果源于行动，行动源于认知，很多企业对 5S 目视化的认知不够，导致不愿意推行或者推行方法不当。5S 目视化是一套现场管理方法与工具，即通过物料分类、区域分类和一目了然等方法为生产管理、物料管理和物流管理提供良好的运作基础，从而降低浪费、提高效率和保证品质。忽视或者过分夸大它的作用都不合适。

（2）与企业诉求不匹配。

每个企业都有它特定的诉求，不同发展阶段或者不同的经营环境下的诉求会不同，5S 目视化作为现场管理的一套工具和方法，需要符合企业的实际诉求。比如，蒸蒸日上的企业应重视，经营不善时可能无暇顾及；现场管理要求高的企业应重视，反之，重视程度就会下降。企业应因势利导，根据实际需要确定推行的力度和关注的重点。

（3）策划不到位。

企业仅有决心是不够的，更要有方法。要做好 5S 目视化，首先要做好策划。有人说，5S 目视化的策划应该全面细致，比如策划好推行方案、时间表、效果、人员、检查、纠正、奖惩等，但实践表明，过度策划和过度推行会大大增加企业成本，并不利于企业运营，因为它并不是企业经营的主阵地，过度重视 5S 目视化会轻视其他工作。合理的策划应该是整体规划、分步实施、轻重有别、持续改善，也就是说，5S 目视化的整体策划应该符合企业的需要，推行也应该始终与企业的实际需要相匹配，并且考虑轻重缓急和成本投入，不应该过度细致而影响生产的正常运营。

（4）检查纠正与奖惩不得力。

没有检查就不能发现偏差，没有奖惩就无法激励约束员工。5S 目视化的责任主体是职能部门而不是 5S 推进小组，应设定合理的检查频率和方式，及时沟通和改进，适度奖惩，并通过沟通、公示等方法让群体取得共识。

# 第三节 生产管理的 KPI

简而言之,生产管理的目标就是高质、准时和成本合理,其中,高质就是产品符合工艺标准要求,准时就是产品生产符合生产计划及工单的时间要求,而成本合理就是生产效率高而资源耗用少,这也是生产管理最核心的三个关键绩效指标(KPI)。此外,考虑到安全对于生产的重要影响,又增加了一个 KPI——安全。但是,企业的情况不同,在 KPI 的具体选取上存在差异,比如,一家设备密集型企业的生产管理 KPI 包括五个指标,即设备综合效率、报废率、人效率、生产计划达成率和安全事件或事故次数。

## 一、设备综合效率

设备综合效率(Overall Equipment Effectiveness,OEE),是指设备的实际生产能力与理论生产能力的比例,可以清晰地看出设备的使用效率。OEE 由可用率、表现性和质量指数三个关键要素组成,即 OEE =可用率×表现性×质量指数。

其中:

- 可用率=操作时间/计划工作时间。它用来评价停工所带来的损失,包括引起计划生产发生停工的任何事件,如设备故障、原材料短缺以及生产方法改变等。
- 表现性=理想周期时间/实际周期时间=理想周期时间/(操作时间/总产量)=(总产量/操作时间)/生产速率。表现性用来评价生产速度上的损失,包括任何导致生产不能以最大速度运行的因素,如设备的磨损、材料的不合格及操作人员的失误等。
- 质量指数=良品/总产量。质量指数用来评价质量的损失,它反映了没有满足质量要求的产品(包括返工的产品)。

OEE 是一个综合性的生产绩效指标,既反映效率绩效,又呈现了质量绩效,非常适合于设备密集型的生产模式。

## 二、报废率

报废率是指生产过程的物料报废数量与总数量的比例,用来衡量生产过程的材料成本。报废率既能反映企业的质量表现,又同时反映企业的材料成本表现。

## 三、人效率

通常采用效率指标来替代成本指标,人效率就是单位人员的产出量,用来衡量企业的生产成本。这里假定人员是生产过程中的关键成本,如果其他生产要素(如场地、能源等)的成本占比很高,那么可以利用该要素与产出量进行比较,从而衡量企业的成本表现。

## 四、生产计划达成率

生产计划达成率就是在某个规定时段(一般为月)中按时完成数量与总数量的比

例，它用来衡量生产单元的交付表现。

### 五、安全异常次数

保证安全是生产的前提，它包括人身安全和财产安全。一般用安全事件或事故次数来衡量企业生产的安全表现，这个指标也不容忽视。

## 第四节 生产管理问题解析

### 一、生产管理问题的根源探寻

每个 KPI 的影响因素都不止一个。生产管理的核心 KPI 就是质量、成本和交付表现[1]，即生产质量表现、生产效率、成本表现及生产计划达成率表现。然而，影响生产绩效的因素非常多，既包括生产过程的各种输入要素，如人、机、料、法、环、测等，又包括生产过程中的各关键环节、要点及方法，比如，布局路线是否合理与顺畅会影响生产效率和成本，进而还会影响生产计划达成率；再比如，质量管控是否可靠与高效不仅会影响生产质量表现，还会影响生产效率和成本乃至生产计划达成率。

深入分析后还发现，每个因素也会同时影响多个 KPI 的表现，比如，导致质量不佳的因素包括人的因素——操作员是否正确作业，机的因素——设备是否运行正常，料的因素——物料是否合格，法的因素——技术要求是否正确等。同时会发现，一个因素会影响多个 KPI，比如，如果没有合格员工，那么产品质量无法保证。生产效率无法保证，生产计划达成率也无法保证。人的因素会对所有 KPI 产生影响，其他因素也是一样。这正是生产管理多因一果范式所导致的结果。为此，解决生产问题常常比解决其他问题更复杂。

### 二、解决问题的基本原则

解决生产管理问题应遵循全面运营的六个基本原则，即价值、流动、精简、协同、迅捷和完美。

如同企业整体运营一样，生产管理总是纷繁复杂、充满不确定性，而且又始终处于动态和利益背反的状态之中，这六个原则能够让生产管理更加简单而有效。

1. 价值原则

价值原则能够消除无用管理活动，无论存在多少影响因素和逻辑关系，只要没有价值就没有管理的必要。

2. 流动原则

流动原则能够提升生产过程中的价值传递的效率，降低库存和生产成本，提高计划达成率。

---

[1] 安全是个逆向底线指标，这里不做重点讨论。

3. 协同原则

协同原则能够提高跨职能和跨主体间的配合效率，有助于提高质量、成本和交付表现。

4. 精简原则

精简原则能够让生产系统更简单，让生产管理更高效。

5. 迅捷原则

迅捷原则能够提高生产运作效率，也能够大幅提高本组织应对异常的能力。

6. 完美原则

完美原则能够降低所有环节的不确定性，提高整个运营及供应链体系的稳定性和可靠性。

总之，六个基本原则能够明确价值、加快流动、促进合作、降低复杂度、提高响应能力并降低不确定性，这些都是实现卓越生产管理的基本条件。

### 三、典型问题及解决方法

下面针对生产管理中常见的典型问题进行分析并给出建议。

1. 布局和路线不合理

如果企业生产设施设备的布局和路线不合理，就会导致整体运营效率低下和成本居高，并产生一系列连带问题。布局和路线是由生产规划决定的，企业应遵循短距离和高流动的原则，采用U型或顺序流规划，紧凑顺畅无乱流。生产线设计中须同时考虑生产过程中的上下料及物料输送的合理性。

2. 生产线不均衡

如果生产线中各工序产能不均衡，就会造成效率损失及生产过剩。要实现生产线均衡，首先在生产线规划设计时就要充分考虑其均衡性，其次要对生产线各工序进行作业负荷调整，采用使各作业时间尽可能相近的技术手段与方法。

3. 协同不足

要实现卓越生产，就必须做好生产与其他职能（如计划、销售、质量、采购、物流等）及生产内部各环节之间的协同配合，不仅在制订计划和执行任务时需要协商和合作，在应对各种异常时更需要密切配合，如计划调整、质量问题、供应短缺、技术变更等。

4. 设备选择不当或维护不善

人工成本的不断上升正在推动企业的自动化、数字化和智能化，为此，设备选择成为生产线设计和策划的重要考虑。如果选择不当，就会长期影响生产绩效。与此同时，如何能够让设备保持高水平的稳定运行，对企业来说也变得越来越重要。公认的解决方法就是全员生产维护（TPM），具体内容参见后续介绍。

5. 换模时间过长

对于一个多产品共线设备来说，换模时间的长短直接影响着该设备的产能利用率及产品库存水位，换模时间越长，利用率越低而库存越高，进而，它还大幅降低了该产线的灵活性，所以，换模时间长短是关键。解决办法就是运用SMED快速换模方法。

6. 过程检验方式不当

如前所述，虽然生产过程中的质量检验是必要的，但它也存在着非常大的缺陷——降低了生产效率。为此，如何实施快速而可靠的检验是实现卓越生产的关键要点，基本方法是通过维持过程稳定来实施免检，利用防呆检具将检验变成一个在线工序，或者实施平行作业等。

7. 生产信息互通不畅

如今，生产过程中的每一个工序和机台都已经成为信息流中的一个节点，如果信息沟通不畅，就会影响计划指令的执行、技术要求的落实和物流环节的配合，就会影响生产绩效。生产信息的内容包括工艺参数、技术要求、计划指令、生产进程、质量状态、绩效表现、团队沟通等。成熟企业会利用ERP、MES、看板、会议等多种媒介进行全方位的分层持续沟通。

8. 现场5S目视化不善

良好的现场管理是实现卓越生产管理的基础，企业须建立完善、实用、有效的5S目视化管理体系，物料管理规范，现场整洁有序，名称和状态清晰明确，组织、规则、绩效、表现等一目了然。

9. 安全管理不到位

这里的安全包括安全、环保和健康。任何安全问题都可能危及整个生产及企业运营，所以，企业须建立完善的环境、健康和安全管理体系，符合法律法规要求和企业实际情况。

10. 班组管理不善

所有的工作都是要由人来完成的，生产工作更是如此，其中，班组管理是生产管理中的一项重要工作，它的核心内容就是建立一支技能合格、合作配合、稳定而灵活的团队。

11. 作业标准不规范

如果作业标准不规范，生产绩效就不可能会好。作业标准包括产品工艺技术要求（如图纸）、岗位作业指导书、质量检验规范、现场点检表等，不仅要做到标准规范，还要做好员工培训和辅导，这是实现卓越生产的基础。

---

**延伸阅读**

## 精益生产理论

研究生产管理就不能不说精益，这里所说的精益就是精益生产，虽然它早已风靡全球，但如果问问身边的人到底什么是精益，答案又可能千差万别：有人说精益就是少投入多产出，有人说精益就是消除浪费。

### 一、什么是精益生产

精益生产是由丰田生产体系（Toyota Production System，TPS）演变而来的一套生产管理方法，它由日本丰田汽车公司的大野耐一主导创建，是丰田公司的一种独具特色的现代化生产方式。它顺应时代的发展和市场的变化，经历了20多年的探索和完善，逐渐发展成为今天这样较为完整的生产管理技术与方法体系。后来，《改变世界的机器》作者沃麦克及其合著者将丰田生产的这一套实践和方法整理总结为精益生产。精益生产有两大特征，即准时生产和全员参与。

## 二、精益生产工具介绍

1. 准时化生产（JIT）。它是指在企业生产系统的各个环节，工序只在需要的时候、按需要的量，生产出所需要的产品。

2. 单件流。它是指当产品以顾客需要的速率通过整个生产流程时的一种状况，生产批量与转移的批量只有一个。

3. 看板管理。它是指为了达到准时化生产而控制现场生产流程的工具。准时生产方式中的拉动式生产系统可以使信息的流程缩短，并配合定量、固定装货容器等方式，使生产过程中的物料流动顺畅。准时化生产的看板旨在传达信息：何物，何时，生产多少数量，以何方式生产、搬运。看板可以作为厂内生产管理信息交流的手段，看板卡片包含相当多的信息并且可以反复使用。常用的看板有两种：生产看板和运送看板。

4. 零库存管理。零库存是指物料（包括原材料、半成品和产成品等）在采购、生产、销售、配送等一个或几个经营环节中，不以仓库存储的形式存在，而均是处于周转的状态。工厂的库存管理是供应链的一个环节，就制造业而言，减少库存可以缩短并逐步消除物料滞留时间，减少无效作业和等待时间，防止呆滞，提高客户对"质量""成本""交期"三大要素的满意度。

5. 全员生产维护（TPM）。先进的设备管理系统是制造型企业生产系统的有力支持工具之一，能够保证生产计划的如期执行并及时响应客户的市场需求，同时能够有效地降低企业的制造成本。从过去认为维护只是生产费用的管理提升为企业在市场竞争力的关键项目之一，最终提高企业的经济增值水平。TPM以全员参与的方式，创建设计优良的设备系统，提高现有设备的利用率，实现安全性和高质量，防止故障发生，从而使企业全面实现成本的降低和生产效率的提高。

6. 价值流程图（VSM）。价值流程图是用来描述物流和信息流的形象化工具。VSM可以作为管理人员、工程师、生产制造人员、流程规划人员、供应商及顾客发现浪费根源、寻找浪费根源的起点。从这点来说，VSM还是一项沟通工具。但是，VSM往往被用作战略工具、变革管理工具。VSM通过形象化地描述生产过程中的物流和信息流，来达到上述工具的目的。从原材料购进的那一刻起，VSM就开始工作了，它贯穿于生产制造的所有流程、步骤，直到终端产品离开仓储。

7. 生产线平衡。生产线平衡即对生产的全部工序进行平均化，调整作业负荷，以使各作业时间尽可能相近的技术手段与方法。目的是消除作业间不平衡的效率损失及生产过剩。

8. 拉动式生产系统。所谓拉动式生产就是指一切从市场需求出发，根据市场需求来组装产品，借此拉动前向工序的零部件加工。每个生产部门、工序都根据后向部门及工序的需求来完成生产制造，同时向前向部门和工序发出生产指令。在拉动式生产方式中计划部门只制订最终产品计划，其他部门和工序的生产是按照后向部门和工序的生产指令来进行的。根据"拉动"方式组织生产，可以保证生产在适当的时间进行，并且由于只根据后向指令进行，因此生产的量也是适当的量，从而保证企业不会为了满足交货的需求而保持高水平库存，导致浪费。

9. 快速换模（SMED）。它是一种快速和有效的切换方式，是用来解决设备快速换装调整这一难点的方法，也就是将可能的换线时间压缩至最短（即时换线）。它可以将一种正在进行的产品快速切换到下一个产品。

10. 安灯（Andon）。它是指企业为能够使JIT发生的问题得到及时处理而安装的系统，由灯光和声音报警系统组成，分布于车间各处。在一个安灯系统中，每个设备或工作站都装配有呼叫灯，如果生产过程中发现问题，操作员（或设备自己）就会将灯打开引起注意，使生产过程中的问题能得到及时处理，避免生产过程的中断或减少它们重复发生的可能性。

11. 全面质量管理。它是指一个组织以质量为中心，以全员参与为基础，目的在于通过顾客满意和本组织所有成员及社会受益而达到长期成功的管理途径。全面质量管理的基本原理与其他概念的基本差别在于，它强调为了取得真正的经济效益，管理必须始于识别顾客的质量要求，终于顾客对他手中的产品感到满意。全面质量管理就是为了实现这一目标而指导人、机器、信息的协调活动。

12. 标准化作业（SOP）。标准化是生产高效率和高质量的最有效管理工具。生产流程经过价值流分析后，根据科学的工艺流程和操作程序形成文本化标准，标准不仅是产品质量判定的依据，也是培养员工规范操作的依据。这些标准包括现场目视化标准、设备管理标准、产品生产标准及产品质量标准。精益生产要求的是"一切都要标准化"。

13. 5S目视化。良好的现场管理是实现卓越生产管理的基础，企业必须建立完善、实用、有效的5S目视化管理体系。

14. 持续改善。当企业开始精确地确定价值，识别价值流，让为特定产品创造价值的各个步骤连续流动起来，并让客户为企业拉动价值时，奇迹就开始出现了。

### 三、精益生产的本质

经过深入分析，我们会得出这样的判断：精益生产的本质就是在生产过程中，通过提升和保持整个系统的稳定性、协同性、敏捷性和人员能动性来应对不确定性，从而做到既满足客户需求，又实现企业的高绩效。其中：（1）稳定性，也称为可靠性。只有让生产系统乃至整个的企业运营系统保持高度的稳定性和可靠性，企业才能做到有效计划和高效执行。在精益生产中很多工具的作用就是保持生产系统的稳定性，比如JIT、生产线均衡、价值流、TPM、零缺陷和5S目视化等。（2）协同性。

所有的生产任务都需要多个职能和主体共同完成，所以，相互协同与合作非常重要，如销售、计划、生产、设计、质量、物流等。精益工具中的 JIT、拉动、VSM 等工具的作用就是做好协同。(3) 敏捷性。这里的敏捷性是指速度快、灵活性高。应对不确定性的方法就是让整个生产系统的运行快速、灵活性高，同时还要保持成本合理。精益生产的单件流、SMED 等工具能够提高敏捷性。(4) 员工能动性。员工是企业最具能动性的财产，要实现生产运营的成功就要最大限度地发挥员工的忠诚度和创造力。精益生产中的全员参与就是要最大限度地发挥人的价值。

其实，丰田汽车公司的成功并不仅得益于精益生产理论的应用，还依赖于丰田的战略体系、执行能力、企业文化等一系列的条件和因素，我们不应该过度夸大精益的作用，更不应该泛精益化——将精益概念套用到其他职能中，比如精益研发、精益办公。深刻理解它的精髓，灵活务实地应用，企业才会受益。

## 小　结

生产是转换，是过程，是一个多因一果的系统，生产管理具有高度复杂性。要解决生产问题，应该遵循全面运营的六个基本原则，即价值、流动、精简、协同、迅捷和完美，做好生产过程的先期策划，并通过提升和保持整个系统的稳定性、协同性、敏捷性和人员能动性来应对不确定性，从而做到既满足客户需求，又实现企业的高绩效。

### 思考题

1. 生产管理有哪些属性？
2. 如何理解生产管理的多因一果特征？
3. 为什么有些企业推行 5S 目视化不力？

# 第六章
# 执行层之采购管理

市场经济就是交换经济，就是市场分工的经济，而每个企业都是市场分工的一个参与者，都需要从外部购买所需的产品与服务。在企业运营中，外购工作由采购供应部门负责，本章讨论的主题就是采购管理。

## 第一节　什么是采购管理

### 一、采购管理概述

这里所说的采购是指企业为满足内部需要，以交换为手段，从外部供应商获取资源（产品或服务）所实施的一系列策划、执行和管控活动。

采购管理是执行层中的一个模块，采购管理、生产管理和需求管理三个模块连成一线，构成企业订单履行过程的核心业务流，而计划模块居于这三个模块之上。这表示，采购服务于生产，生产服务于需求，而计划职能负责整个过程的筹划与安排。

越来越多的企业将采购工作中的物料计划与调达部分交由供应链部门下的计划职能来负责，而将供应商开发和价格管理交由采购部门负责，这样做的目的是增加了计划职能的范围并强化了订单履行过程中跨部门协调的能力。本章中所介绍的采购管理也是按照这样分工方式设计的。

### 二、采购的属性

1. 满足内部需求

采购的直接目的就是满足企业生产及内部经营的需求，进而转化为满足企业客户的需求。企业运营中的核心业务过程就是订单履行，包括接受客户订单、生产执行和客户交付等，而采购的任务就是按质、按时、按量地交付生产及企业所需的产品和服务。生产及其他需求部门都是采购的内部客户，而衡量其绩效表现的关键就是内部客户是否满意，这也是为什么采购虽然是企业的辅助性、支持性部门，但又是非常关键而必要的。

2. 影响产品品质

采购对企业的产品品质有着重大影响。外购物资可以分为三类：一是与产品性能直接相关的，如原材料、零部件或工艺加工；二是与生产过程直接相关的，如设备、模具、刀具；三是辅料或服务。其中，第一类直接影响产品成分和内在属性，第二类影响着生产工艺中的关键要素，第三类的影响可能弱于前两类，但也不容忽视。因此，采购中所购买的不是物品，而是功能和性能，是品质。如果采购实务中过度关注价格而忽略质量，就会本末倒置、大错特错。

3. 影响企业成本

很多人说"采购是企业的利润之源"，这是因为采购职能直接影响企业成本。通常在一个制造企业中，外购成本占到成品总成本的60%—70%，要实现成本优化，显然这里是重要的降本之地。随着市场竞争的不断加剧，市场扩张越来越难，因此，降低采购成本已成为提高企业利润的重要手段之一。

4. 影响产品交付

采购不仅影响成本和质量，还影响交付。无论供应商的价格和质量如何，如果无法按时交货，企业就无料可用，生产就会停线，客户订单就无法履行，因此，交付与成本和质量同等重要。评价交付绩效的指标有两种，一是交付准时率（OTD），二是交付周期长度。如果供应商的交付不准时，那么轻则造成超额运费的发生，重则造成企业停线，客户丢失甚至索赔。而如果供应商交付周期太长，就会造成：（1）计划周期过长，管理成本过高；（2）MOQ过大，库存成本过高；（3）企业响应能力过低，经营风险提高。所以，对供应商交付的诉求是既要准时，又要迅捷。

5. 影响企业核心竞争力

企业选择外购还有一个重要原因，就是提高企业竞争力。市场的专业分工成就了很多具有核心能力的供应商，企业要想拥有卓越的市场地位，就必须采用先进技术、先进材料和先进工艺，就必须与优秀的供应商合作，因此，采购是提升企业竞争力、构建企业战略地位的一个重要手段。

## 三、采购管理的主要任务

采购管理的主要任务包括五个部分，即确定采购战略、开发新供应商、制订采购计划、实施物料调达和监管现有供应商。

1. 确定采购战略

战略决定方向，战略决定未来绩效，对于采购也是如此。一个企业的供应链由客户端、本企业和供应端共同组成，供应端战略是企业战略的一部分，影响着整个供应链。

2. 开发新供应商

供应商开发是采购管理的重要一步，如果供应商选对了，合作规则明确了，后续的采购实施和日常管理就容易得多。

3. 制订采购计划

采购计划，又称为物料计划，它是整个计划体系中的一部分，通常这部分工作被划入了计划职能。

4. 实施物料调达

物料调达就是根据采购计划进行采购执行，直至物料到厂接收，具体包括下达采购订单、追踪交付进程、处理异常、到厂入库及付款等，通常这部分工作也被划入了计划职能。

5. 监管现有供应商

强大的供应商体系不仅需要先期构建，还需要日常管理和优化，监管现有供应商的具体任务包括：（1）实施供应商绩效评定，通过评定获知供应商的绩效表现，调整企业的采购策略；（2）针对供应商的不同绩效表现采取改善行动，比如，对于优秀的供应商，应给予更多的订单份额和更好的待遇，对于拙劣的供应商，应给予淘汰或者进行辅导；（3）实施持续的成本节约行动，与其他职能协作，持续优化采购成本及生产运营成本。

## 第二节　如何制定采购策略

### 一、制定采购策略

关于如何制定采购策略，这里给出两种实用的制定方法。

- 按照物料类别制定策略

1. 基本原则

这种方法的基本原则是根据与产成品关联度的高低，将外购品供应商分为重要性不同的三个类别，并实施不同的策略。以生产型企业为例，外购品与产成品的关联度越高，该供应商越重要，企业投入的管理资源越多；反之，供应商越不重要，企业投入的管理资源越少。

2. 具体策略描述

A 类供应商的供应品与产成品直接相关，包括原材料、零部件和产品委外加工等。企业致力于与其建立长期战略伙伴关系，要求其具有专业资质和可靠的质量体系，运营监控、成本合理、交付准时。在管理上，本企业会利用专业团队和标准流程，适度开发备选供应商，签订年度的、规范的合同条款，明确双方责任及义务，加强监控合作表现。

B 类供应商的供应品与生产过程直接相关，包括：（1）刀具、切削液、液压油、冷却液及各种耗品；（2）工装夹具、模具、检具及其维修和加工；（3）重要的设备备品备件；（4）与产品开发相关的重要软件；（5）重要的货代、运输和仓储服务；（6）常用包材；（7）主要生产设备和测量设备等。企业致力于与其建立合作伙伴关系或重点管控关系，要求其具有专业资质，可靠的质量、成本和交付表现并健康运营。在管理上，利用专业团队、标准流程和规范的采购合同，明确技术要求和综合成本，重视谈判，适度进行比较。

C 类供应商的供应品是除 A 和 B 之外的公司常规运营相关联的采购项目，如办公用品、后勤及劳保用品、常规性办公用软件与设备及其维护服务、办公设备租赁服务、可回收性物品处理、厂房办公室维护、仓储设备和维修、低值易耗品等。在管理上，应建立高度灵活性的供需关系，重点在于总成本最优、流程精简和高效。在管理上，应依据高性价比原则，持续优化合作伙伴网络，合理分类，有效整合，尽量集成采购。

- 按照三个维度制定策略

按物料类别制定采购策略的方法简单易行，但它针对的是企业的全部物料，不够具体。这里介绍另一种方法——按照依赖度、贡献度和交易频度制定采购策略。

1. 基本原则

这种方法按照依赖度、贡献度和交易频度，将供应商分为四类，即战略型、伙伴型、边缘型和交易型。其中，战略型供应商就是企业依赖度高的供应商，伙伴型供应商就是企业依赖度不高，但利益贡献大的供应商，边缘型供应商就是企业依赖度低，利益贡献也小，但交易频次高的供应商，而交易型供应商就是交易频次低且企业依赖度低和利益贡献小的供应商（即一次性交易类供应商）。供应商分类参见图6.1。

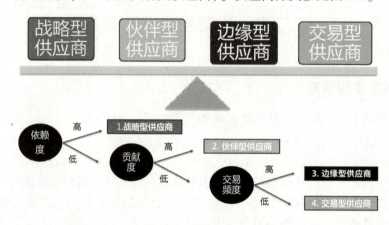

图6.1　供应商分类

2. 供应商分类步骤

第一步，识别企业对供应商的依赖度。如果依赖度很高，它就属于战略型供应商。这里所说的依赖度很高是指如果缺少这家供应商，企业在技术上、成本上或者供应链地位上会受到极大的负面影响。如果依赖度不高，它就属于非战略型供应商，将做下一步判别。比如，企业的核心原材料供应商、核心设备和核心工艺装备供应商都属于企业的战略型供应商。

第二步，识别供应商对企业的贡献度。对于非战略型供应商，下一步要识别它对本企业利益贡献的高低，具体可以参照采购量或金额大小。如果贡献度高，它就属于伙伴型供应商；如果贡献度低，将做下一步判别。比如，采购量很大的包材供应商就属于伙伴型供应商。

第三步，识别双方的交易频度。对于非伙伴型供应商，下一步要识别双方的交易频度。如果交易频度高，它就属于边缘型供应商；如果交易频度低，它就属于交易型供应商。比如，常用劳保用品供应商就属于边缘型供应商。

这种分类方法的好处是具体、明确，便于采购管理者针对各类供应商制定相应的策略。

## 二、采购策略的典型议题

在制定采购策略时，有几个典型议题需要仔细权衡和分析。

1. 一料多供与一料一供策略选择

"一料多供"策略的优点少而缺点多。为降低供货风险并提高谈判主动权，很多企业都喜欢采用"一料多供"策略，即同一种物料由多个供应商同时供货。但它存在的缺点很多，如：（1）企业须耗费更多人力和物力，不够经济；（2）不同供应商的物料存在差异，导致企业不得不调整生产过程中的夹具、治具、机器或工艺参数等。在下列情形下，企业只能选择一料一供，即：

- 某个物料被一家供应商垄断，企业别无选择；
- 订单不足以分给两个或两个以上的供应商；
- 为争取供应商更主动的配合；
- 生产某产品所需的专项设备或模具等由企业承担；
- 集成采购可获得供应商的最大折扣；
- 与供应商建立紧密的合作伙伴关系或实现 JIT 交付。

"一料一供"策略是大势所趋。如今，采购管理的主流趋势之一就是减少供应商数量并发展更加紧密而良性的供需关系，"一料一供"策略正符合这种趋势，它简化了关系，提高了效率。一料一供的缺点就是受制于人，解决方法就是要加强供应商开发管理、完善契约，同时，针对不良供应商，企业也要坚决开发备份供应商。

表 6.1 所示是采购策略对比，采购决策的关键是在管理成本、供应风险和管理重点三者之间找到平衡点和最优解。风险永远存在，有偶发性的，也有系统性的，无论投入多少资源，都不能完全消除，其中，精细管理（如选择可靠供应商、规范合同契约等）仅能降低偶发风险但无法消除系统风险。从上述内容可以看到，一料一供是主流选择。

表 6.1 采购策略对比

| 模式 | 一料一供 | 一料双供 | 一料多供 |
|---|---|---|---|
| 管理成本 | 低 | 高 | 非常高 |
| 供应风险 | 高 | 中 | 低 |
| 管理重点 | 精细管理 | 平衡管理 | 不建议 |

2. 强势供应商的管理策略

强势供应商之所以强势，其根本原因还是企业对它们的依赖度高。为此，对待强势供应商应该注意三点：一是建立友好关系；二是强化合作规则；三是通过培养替代商来提高己方的谈判地位。

其中，建立友好关系是指为了更好地利用供应商，应该与之建立亲密、友好、信任的关系，从而能够从中得到更多的实惠。强化合作规则是指企业与供应商的关系是市场经济下的契约关系，无论供应商如何强势，遵守市场契约是必须的，企业可以通过完善契约来保障己方的权益。而培养替代商是指企业无论如何都不愿意也不应该寄人篱下、受制于人，应该寻找或培养替代供应商，让己方在供应链上处于更加有利的地位。除此之外，企业还可以与之构建联盟关系，从而降低己方的风险和利益损失。

3. 本地化采购的策略制定

这里的本地化是指将国外采购转变为国内采购。国外采购不仅采购成本高、物流成本高，还导致企业的库存成本高、运营成本高和对客户需求变化的响应速度慢。随着市场竞争加剧，企业对本地化采购的期望不断提升。为此，本地化的目的不仅是降低采购成本，还是降低总成本，包括直接采购成本、运输成本、关税成本和库存成本，并提高响应能力。

本地化工作是一个特殊项目，需要专业化的管理，该工作内容主要包括：（1）确定目标；（2）建立团队与流程；（3）制定战略与行动计划；（4）实施；（5）项目结束及成果汇总。其中，制定战略与行动计划最为关键。

### 案例6-1 实施本地化要制定清晰的战略

**1. 背景**

R企业是一个欧洲集团在中国的工厂，由于历史原因，它的很多零部件供应商来自欧洲和北美，不仅采购成本高、物流成本高，而且还导致R企业库存高、对客户需求变化的响应速度慢。随着市场竞争加剧，企业对本地化采购的期望不断提升。

**2. 制定战略与行动计划**

本地化工作中的关键在于制定战略与行动计划。根据所有进口物料的采购额、技术难度、本地供应能力和现有状况四个指标，可分为具有不同优先度的三个类别。其中，一是优先类，即采购额高和/或易于实施者，须立即实施；二是可行类，即采购额高但短期不急于实施，目前可进行准备但不急于行动；三是排除类，即采购额低且难度高者，需排除此次行动。

**3. 分析与实践**

如图6.2所示，清晰的战略分析，为本地化项目的顺利实施奠定了基础。

| No | 行标签 | Subtotal | % volume | Rank | 1. Volume | 2. Difficulty | 3. Availability | 4. Current status | Category Strategies | Priority |
|----|--------|----------|----------|------|-----------|---------------|-----------------|-------------------|---------------------|----------|
| 1 | Forge part | 9,114,731 | 39.4% | 1 | High | High | medium | Localized | 2nd source | 2 |
| 2 | Rod & profile | 7,958,321 | 34.4% | 2 | High | High | medium | Localized | 2nd source | 2 |
| 3 | BJ stud | 2,872,188 | 12.4% | 3 | High | High | medium | on localization | In-house + 2nd source | 1 |
| 4 | Seal | 951,972 | 4.1% | 4 | Medium | High | medium | Import | Local source on availability | 1 |
| 5 | Bolt | 515,640 | 2.2% | 5 | Medium | medium | High | import | Local source | 1 |
| 6 | NR | 386,741 | 1.7% | 6 | Medium | medium | medium | Import | TBD | NA |
| 7 | Bracket | 289,810 | 1.3% | 7 | Medium | medium | medium | Import | Local source | 1 |
| 8 | Locking ring | 280,350 | 1.2% | 8 | Medium | medium | medium | Import | Local source | 1 |
| 9 | Grease | 227,903 | 1.0% | 9 | Medium | High | low | Import | no change | 3 |
| 10 | Conical sleeve | 187,958 | 0.8% | 10 | Medium | medium | medium | Localized | 2nd source | 1 |
| 11 | Liner | 70,777 | 0.3% | 11 | Low | High | Low | Import | TBD on availability | 3 |
| 12 | Closing ring | 67,646 | 0.3% | 12 | Low | medium | High | Localized but good | local source | 1 |
| 13 | clip ring | 65,229 | 0.3% | 13 | Low | Low | medium | Import | TBD on availability | 3 |
| 14 | Coating | 63,258 | 0.3% | 14 | Low | Low | High | Localized | no change, | 3 |
| 15 | Protection cup | 48,394 | 0.2% | 15 | Low | Low | High | on localization | local source more | 1 |
| 16 | Lid | 29,624 | 0.1% | 16 | Low | medium | Low | import | no change, | 3 |

图6.2 本地化战略示意图

## 第三节　如何实施供应商开发

### 一、供应商开发的步骤

原材料的供应商开发是最典型，也是最重要的工作。该项工作主要分为五个步骤，即寻找供应源、选择评定、询价洽谈、样件开发、试生产、量产等，其流程如图 6.3 所示。

1. 寻找供应源

寻找供应源简称寻源，目的是在规定的时间内找到合适的供应商。具体做法如下。

首先，识别需求。在接到开发任务后，采购员须收集和整理准确的产品技术要求及数量、交期等商务诉求。其次，寻找潜在供应商。供应商信息源可以来自现有供应商清单、网站、杂志和行业推荐等多种渠道，其中，行业内推荐是性价比最高的寻源途径，可通过查看供应商介绍、现有产品和客户、样件、释放简图和调查表、拜访等来确定该供应商是否与企业匹配，避免无的放矢、浪费时间。最后，释放询价函。在签署保密协议后，采购员会向供应商释放询价函。

2. 选择评定

选择评定又称认证，就是实施供应商资质认证。一个供应商能否稳定供货，不仅取决于技术能力，还取决于质量保障能力和稳健运营能力。生产出一件合格品须依靠技术，而要做到持续交付就需要企业的综合实力强，因此，认证就是要全面审核供应商的管理体系，确认它是否具备持续供货能力。

3. 询价洽谈

询价洽谈又称谈判，就是进行商务洽谈并签订合同。谈判中商讨的最直接的部分是价格，除此之外，还必须充分考虑技术要求、商务、物流和质量条款等一系列内容，它们都是合同的重要要件。谈判结束并获得内部批准后，就可以与供应商签订开发协议，并签发指定书。这表示企业同意将该项目交由该供应商进行开发，完全符合要求后可以进行供货。

4. 样件开发与试生产

样件开发与试生产又称验证，就是实施产品和过程验证。开发协议签订后，供应商须启动 APQP 和 PPAP 程序，APQP 的作用是让整个项目从启动到量产实现有序受控管理，PPAP 的作用是让生产过程稳定受控。

5. 量产

量产是指检查和确认供应商是否具备足够的产能和批量生产条件。PPAP 审批后就会根据客户需求情况启动量产，具体工作包括产能复核、签署物流协议、释放采购订单直至首批货物交货合格。除此之外，量产前还需要相关部门，尤其是设计部门、计划部门等，将量产参数在系统中进行锁定更新，以便在后续量产管理中使用这些参数。

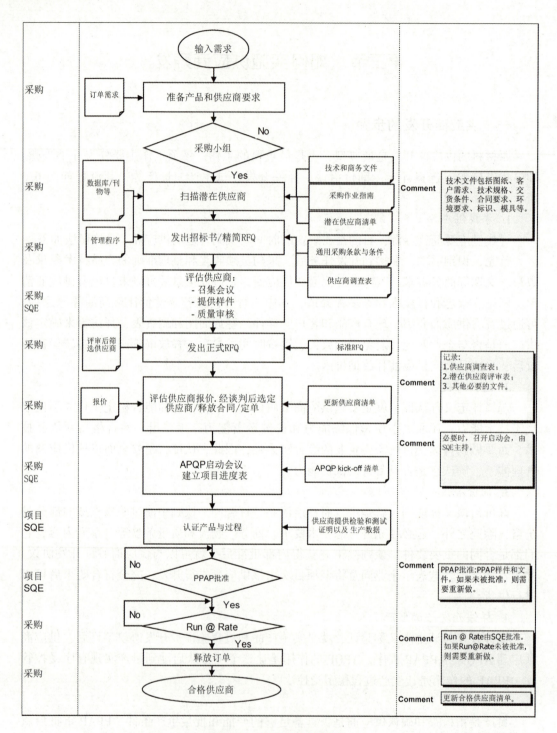

图 6.3 供应商开发流程

此外，这里对合同及合同签订进行补充说明。首先，开发阶段是合同签订的最好时机。契约是买卖双方需要共同遵循的规则和健康合作的基础，而开发阶段是与供应商构建契约体系的最佳时机。此时，供应商急于获得业务，如果未达成合同，供应商所受影响远大于本企业,所以,企业应利用这个时间窗口建立完善、系统的合同契约。其次,合同泛指供需双方的所有协议,开发协议只是其中之一。合同不仅限于商务合同,而是指买卖双方达成的所有协议,包括商务合同、质量协议和物流协议。其中,商务合同确定了双方的合作关系、标的、价格及纠正处理,质量协议确定了技术和质量要求,以及双方如何处理质量问题,物流协议明确双方在订单履行、交付、库存等方面的事宜,这三份协议是必不可少的,而且需要在量产前全部签订完成。

## 二、供应商选择的评价要素

在现实中,没有一家供应商是完美的,供应商开发成功的标准是合适与匹配,而不是最优。为此,尽管设定了多个供应商评价要素,但在不同情境下,它们的权重可能是不同的,管理者需要根据实际需要来确定权重,甚至可以增加评价要素。以下是常用评价要素的介绍。

1. 技术水平

技术是影响企业生产运营及未来发展的重要因素,企业需要评估该供应商的技术能力,并考虑它对本企业的影响程度。企业对它的依赖度越高,技术要素的权重也就越高。

2. 质量水平

如果供应商的质量无法满足要求,无论价格高低都是毫无用处的。质量不仅反映供应商的技术实力和生产过程能力,更反映它的全面质量管理能力,可以利用 VDA6.3 等工具进行审核。

3. 价格水平

采购价格的高低是永远不容忽视的,因为它决定着企业的成本,进而决定着企业的利润。可以利用多家比价、成本分析等方法进行评价。

4. 交付水平

交付水平反映着供应商的计划能力和运营管理水平,不可忽视。

5. 服务水平

这里的服务是指供应商的沟通能力、配合能力和响应能力。如果不能做好沟通和配合,就永远无法完成供应商与企业的合作。因此,服务也是至关重要的。

6. 决策者意愿

决策者意愿代表了企业的意愿,供应商的未来走向在很大程度上是由其决策者决定的,有经验的采购员都会与供应商决策者(老板)进行深度沟通,了解其真实意图,由此来判断双方是否匹配。

7. 团队能力

供需双方的合作归根到底是双方人员的合作,供应商核心团队是否优秀直接影响着它的未来表现,这一点需要特别关注。

8. 战略匹配度

战略决定未来,双方的战略是否契合决定着双方合作是否长久。所以,如果双方的战略恰好是非常匹配的,那么长久稳定的合作是可以预见的。

## 第四节　采购管理的问题解析

采购工作并不简单，它既是一项日常运作性工作，又是一项战略性工作，它影响着企业的组织分工、流程规则和日常操作，又涉及策略选择、沟通谈判、博弈与合作，其中存在很多难点，而且不同企业所遇到的问题又各不相同。这里介绍一些典型问题，并给出原因分析和解决建议。

### 一、方针策略缺失

最常见的问题是缺少采购策略。采购的价值不仅在于"买到和价低"，更要考虑总成本最优，因此，除了考虑价格，还要考虑质量、交付、服务及技术实力、业务配合、战略契合，这就需要企业根据需要制定明确的采购策略，制定规则。

企业的采购策略应该包括并不限于实施物料及供应商分类管理、确定重点物料及供应商的管控策略、采用总成本原则评价、降低供应链复杂度、提高供应链协同能力和迅捷能力等，并始终遵循全面运营的六个基本原则。

### 二、物流模式不当

供应端物流模式不当是另一个问题。这里的物流模式包括企业长期和短期需求信息释放方式、供应商生产与备货方式、交付方式、包装要求、企业内部的上线物流和下线物流等，所有这些都会长期影响企业运营及供应链绩效。

企业的情况不同，物流模式也不同。比如，有些企业采用 EDI 快速释放需求，需求分为预测+要货令，其中预测是长期需求，是供应商安排生产和备货的依据，而要货令是短期需求，是供应商交付的指令。在交付方式上，有些大型企业会采用 MILK RUN（循环取货）方式自己安排提货，而很多企业更愿意由供应商负责运输交付。企业应根据自身情况，先期确定供应端的物流模式，为日常运作带来便利。

### 三、物流协议不规范

虽然大家都知道合同的重要性，但仍有很多企业忽视物流协议。物流协议也是整个合同契约中的一部分，一旦缺少了物流协议或者物流协议不规范，往往会导致供需双方的执行偏差。而一旦出现争议，又没有明确的规则和条款，损失往往是巨大的。关于物流协议的具体内容和要求，可参见第七章《执行层之物流管理》。

### 四、供应链复杂度太高

如果供应商过多，外购品过多，程序手续过多，就会造成工作效率低、质量差、差错多，就容易产生大量呆滞库存并造成一系列问题。所以，降低供应链复杂度是采购工作中的一项战略性议题。供应链复杂度的高低是由多个因素决定的，其中包括采购策略、产品和工艺设计原则和供应商评价原则。比如，有些企业喜欢一料多供，就会导致大量闲置供应商的存在。为此，企业应从战略着手，从设计和供应商开发等方面入手，优化规则和评价标准，才能实现供应链的精简与高效。

### 五、供应商产品质量太差

如果供应商的产品质量太差，就说明它的生产过程有问题，因为质量是过程决定的。因此，要找到具体的环节和要素，比如设备问题、模具问题、人员问题、材料问题、检测问题、环境问题等。从纯粹的专业技术角度看，找到问题源并不难，而真正困难的，也是最核心的问题是供应商领导层的认知不足，这才是致命的。如何能改变供应商领导层的认知呢？最简单的办法不是努力改变它，而是不要选择它，因为我们不得不承认：选择比努力更重要。当然，如果供应商真的愿意提升，企业也应该提供适度的辅导，帮助供应商实现优化；而如果供应商缺少强烈的改善意愿，恐怕很难成功。所以，要特别重视供应商的选择，通过先期的努力避免后期的麻烦。

### 六、原材料库存过高

企业原材料库存过高的原因有两个，一是内部库存控制不利，二是供应端交付模式存在问题。具体原因可能是交货批量太大、安全库存过高和来料检验及入库时间过长。比如，海外供应商需要长途海运，每次交货批量都很大，导致库存居高；因为交货期长又不得不保留较高的安全库存，导致库存居高；有些企业的来料检验时间太长，采购供应部门不得不保留很高的缓冲库存，导致库存居高。解决方法便是实施本地化采购，缩短采购周期，降低交货批量和安全库存，同时要求检验部门缩短检验时间。

### 七、供应商物流协同差

这里的物流协同是指在运输、包装、信息沟通等方面与企业的配合度。在实务操作中，如果供应商的送货车辆不便于收货单位卸货，就会导致收货仓库的作业效率低下；如果供应商的包装规格不规范或者与收货单位储存和搬运工具不匹配，也会导致收货仓库的作业效率低下；如果供应商的送货单不统一或者货物标签不能扫描，也会影响收货仓库及企业内部运营的作业效率。无论在实物流动，还是在信息沟通中，如果存在匹配度差或者协同不足等情况，都会最终导致本企业的效率低下。

要做好供需双方的物流协同，一要实施物流标准化，二要在供应端贯彻协同方针。其中，实施物流标准化是指要求供应商按照国际通行的物流标准和规范，选择运输车辆，设计包装规格，选用物流文件。贯彻协同方针是指在物流标准化之外，企业还须制定物流规则，并要求供应商按照本企业要求进行物流配合作业，只有这样，才能实现持久的运营高效。

## 小　结

　　企业运营是一个整体，它的供应链由客户端、本企业和供应端三部分组成，供应端是其中之一，供应端管理的好坏会影响整个供应链绩效。采购部门负责管理供应端，主要任务包括确定采购供应战略、开发新供应商、制订采购计划、实施物料调达和监管现有供应商。

　　过去，采购被认定为支持性职能，但随着市场竞争的不断加剧，人们对它的认识发生了很大变化。采购不仅影响成本，还会影响质量、交付、物流和战略，它已经成为企业构建核心竞争力的重要因素之一。

　　采购工作既属于日常运作，又具有战略属性。当前常见的问题有方针策略缺失、物流模式不当、物流协议不规范、供应链复杂度高等。要想从根本上解决这些问题，企业须遵循全面运营模型及其基本原则，制定策略方针，选择合适的模式，规范协议，降低复杂度，并做好全链的高效协同。

### 思考题

1. 什么是采购管理？
2. 采购供应管理带来的价值有哪些？
3. 在新供应商评价中应考虑哪些要素？

# 第七章
# 执行层之物流管理

走进一家生产型企业,送货的车辆进进出出,仓库里的物料整齐排布,生产线上放着大大小小的在制品和完工品,它们都会转入下道工序或者通过运输网络发给客户,这就是企业的物流形态。本章研讨的主题就是企业物流管理。

## 第一节 什么是物流管理

### 一、物流管理概述

物流就是实物的流动,就是在不改变物质本质属性的前提下对实物实施的运输、储存、包装、搬运和配送等活动。

这里的物流管理是指企业为满足客户需求和内部运营而对物流活动和过程所实施的策划和管控活动。物流管理是执行层中九个模块之一,是企业运营管理中的重要组成部分。

从本质上讲,物流不仅传递价值,也创造价值。实物承载着价值,物流履行了实物的流转,也就是传递了价值;另外,物流改变了实物的时间和空间,让不同时空的供需双方完成了交易,它创造了时间和空间价值。

### 二、物流的属性

1. 实物属性

物流就是实物的流动,它具有全部的实物属性。实物具有基本的物理和化学性能,如重量、体积、密度、成分、强度、色彩、外观、状态等。货物在运输时,总是需要运输工具来装运;货物在储存时,总是需要场地和设施来存放;货物在包装时,总是需要包装容器或材料来防护。物流的实物属性是它与信息流和资金流的根本区别。

2. 传递和创造价值

如前所述,物流不仅传递价值,也创造价值,实物是价值的载体,实物流就是价值流,实物链就是价值链。运输就是将实物从位置 A 移到 B,仓储就是将实物从时点 X 存放到 Y,目的都是实现供需匹配,它传递和创造了时空价值。

3. 实物流、信息流、资金流三流合一

图 7.1 所示是供应链系统,实物流与信息流、资金流相伴相生。信息流包括了客户需求、计划安排、生产和发货指令等,它始终驱动着实物的前进与后退,资金流与实物流的方向正好相反,货款由客户支付给供应商,这三股流相辅相成、密不可分,也因此称为三流合一。

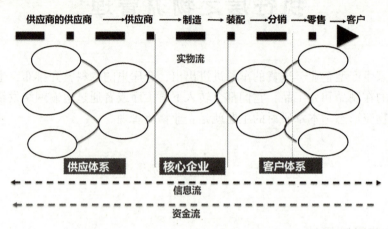

图 7.1 供应链系统

## 三、物流管理的范围

从广义上讲,有实物流动的地方就有物流,所以,物流几乎无处不在。但这里的物流是指企业物流,它的范围就是与企业运营相关的全部物流活动。

1. 物流是企业供应链的一部分

实物流是供应链运转的基础,也是供应链价值传递的载体。一个完整的供应链始于供应端,经本企业并一直延伸到最终客户(即客户端),这也正是实物流动的过程和物流管理的范围。

2. 企业物流分为三段

一个企业的物流过程分为三段,即入厂物流、厂内物流和出厂物流,其中,入厂物流又称供应端物流,是指从供应商提货直到入厂并完成入库的过程;厂内物流是指从原材料接收入库直到成品发货完成的过程;出厂物流又称客户端物流,是指从成品发货直至交付给客户的过程。

3. 物流与生产有交集

生产过程同时存在着实物流动。一个单工序的生产机台由上料、加工和下料三部分组成,原材料被送入机台,加工完成后的产品被输送到下一道工序,整个生产过程也是一个实物流转的过程,这一点对于理解物流和生产的关系非常重要。

## 第二节　物流管理的工作内容

### 一、运输管理

运输就是将货物从位置 A 远距离转移到位置 B 的过程和活动。运输是物流管理的重要内容之一，也是人类生产生活中必不可少的一项服务，经济越发达，运输服务的需求就越多。运输方式大体分为五类，即公路运输、铁路运输、水路运输、航空运输和管道运输，除此之外，还有快递、手提等特殊方式。

运输总是产生成本的，运输管理的目的就是在达成运输目标的同时让运输成本更加合理。为此，不仅需要考虑距离因素，还同时需要考虑线路、方式、频率和货物属性等多种因素。

### 二、仓储管理

仓储就是将实物从时点 X 存放到时点 Y，将彼时需要的货物暂时保管。仓储的地点称为仓库，不仅承担存储职能，还作为物流节点承担信息处理，甚至包装、换包、调度等其他职能。整个仓储过程也可以简单分为入库、存储和出库三部分。

仓库是仓储过程的核心设施，按照存储货物的种类不同分为原材料仓库、成品仓库、辅料仓库等；按照货物质量状态不同又可分为合格品仓库和不良品仓库。仓库内按功能不同又可分为收货区、待检区、储存区、备货区、发货区和隔离区等。

### 三、包装管理

这里的包装包括包装作业和包装物，其中包装作业就是为便于运输、储存、搬运、配送及销售需要而对货物进行的防护和标识的活动和过程，而包装物就是用于保护和标识货物的容器或材料。

包装作业具有三重属性：（1）助力产品价值实现；（2）会产生成本；（3）影响供应链及物流效率。其中第 3 项属性越来越得到关注。它不会改变货物的本质属性，但能起到保护或促进作用；它融入在实物流转过程的各个环节之中，既影响成本，又影响物流过程的效率和质量。

包装物具有四种功能，即保护产品、促进销售、便于识别和便于产品使用与流转。其中，最后一项就是它对物流过程的影响。

包装管理工作主要包括四项内容：（1）策划包装，包括企业包装体系的策划和包装方式的设计；（2）实施包装，即执行包装和换包的作业活动；（3）管理包装物，即对料箱、包材的管理；（4）施加标识，即打印和粘贴产品标签，用于产品识别和追溯。

### 四、搬运管理

搬运，又称物料搬运，是指在同一场所范畴内进行的、以改变物料存放状态和空间位置为主要目标的活动。具体作业主要有水平搬运作业（移动）、垂直搬运作业（装卸）、提升或下降作业（码垛或取货）和转向、翻转作业等。物料搬运对仓库作业效率影响很大，它还会直接影响到生产效率。做好搬运的主要原则：（1）做好规划；（2）注重系统和过程管理；（3）利用重力；（4）机械化和自动化；（5）坚持安全原则。

### 五、配送管理

配送是物流活动中一种非单一的业务形式，主要工作内容包括备货、储存、加工、分拣及配货、配装、配送运输、送达服务。它与商流、物流、资金流紧密结合。配送物流主要发生于B2C的业务中，B2B的生产型企业涉及不多，以下是一个案例。

**案例 7-1** 远距离采用周转包装+日送货

**1. 背景**

这是一家汽车零部件二级供应商，位于苏州，客户位于长春，产品是一种大型结构件。项目难点：（1）客户要求周转包装+日送货；（2）交付距离远，距离约 2 000 千米；（3）产品是抛货（空心的铝合金型材），远距离陆运成本高。

**2. 解决方法**

在客户工厂附近增设一个第三方仓库，物流路线变为企业—第三方仓库—客户。其中，企业与第三方仓库间采用一次性、大容量包装方式，保证运输和包装成本低；第三方仓库实施换箱作业，将一次性大容量包装换成小容量周转箱；第三方仓库和客户间采用周转包装+日送货。

**3. 总结**

通过这种模式，企业不仅满足了客户要求，而且降低了物流成本和包装成本。

## 第三节　如何实现卓越的物流管理

### 一、物流管理的 KPI

1. 客户物流投诉次数及差错次数

客户投诉次数及差错次数可以反映出物流工作的质量好坏，这也是评价整个物流绩效表现的重要指标。

2. 客户准时交付率

这里的客户既可以指企业外部客户，也可以指企业内部客户。准时交付率用来计量运输和配送等物流活动是否按时完成。只有及时交付，客户才能及时获得交付价值。

3. 单位人员产出率

单位人员产出率是一个效率指标，用来计量人力资源的工作效率。

4. 单位重量运费率或单位产品运费率

这是一个计量运输成本的指标，可以通过这两个指标或其中的一个指标来计量运输费用是否具有合理性。

5. 单位产品的包装成本率

包装是有成本的，这是计量包装成本的一个重要指标。

6. 库存记录准确率

库存数据是计划和物流管理的基础，库存记录准确率是一个基础性指标。

7. 安全事故率或次数

安全无小事，安全是物流管理的重要指标，安全事故率或次数是用来计量人身安全是否得到保障的一个重要指标。

此外，有时也会将库存周转率看作物流管理的一个绩效指标，用来监控库存高低及提高库存资金的利用率。但是，本质上来讲，它不应该属于物流指标，而是计划指标，库存高低是计划的结果而不是执行的结果。

## 二、物流管理常见问题解析

从宏观上来看，物流问题主要表现为物流质量不佳、交付不及时和成本过高。进一步分析则会看到，造成物流表现不佳的原因是多方面的，其中既涉及现场管理问题、工作执行问题，又涉及规划策划问题、方式选择问题、信息处理问题。以下列出部分主要问题，进行深入分析并给出解法。

1. 现场管理不善

现场管理不善的表现有现场杂乱无序、拥挤不堪，不同货物混放、找货困难、标识不清等，它不仅影响目视效果，还会导致各种各样的连带问题，如作业效率低下、存在安全隐患、容易造成差错、员工士气低落等。

分析原因，很多因素都会导致现场管理不善，如现场规划有问题、不同职能间配合不到位、产品质量不良、组织分工和流程不合理等，其中，5S目视化管理不到位是首要原因。如果物料分类明确、现场位置定位清晰、实物及设施设备的标识醒目，而且现场人员训练有素，遇到异常时能及时纠正，现场管理不善的问题就会得到有效改善，再辅之以规划、模式等方面的优化，现场问题就会自然而然地解决。

2. 物流布局与路线不合理

如果企业物流中存在大量的逆流、湍流、长距离搬运、二次倒运等现象，那么可以肯定，企业的物流布局与路线不合理。这是一个典型的物流规划与设计问题，它需要综合考虑企业中的几种主要关系：(1) 入厂供应与原材料仓库的配合；(2) 仓库与生产线的配合；(3) 生产线内物料与生产中心的配合；(4) 生产线与成品仓库的配合；(5) 成品仓库与厂外发货物流的配合；(6) 仓库内部的资源共享。运输和仓储中的布局和路线规划须考虑的因素有距离、运输工具、包装方式、装卸方式、客户诉求、运输费用及相关的储存费用等。

同时，物流规划要遵循全面运营的六个基本原则：价值、流动、精简、协同、迅捷和完美，以及更加具体的原则与方法：顺序流、短距离、高效率、总成本最优等。比如，仓储的过程需要从收货开始，经过上架、移库、拣货、包装、备货、发货等一系列环节的顺序作业。如果存储物料的种类繁多、要求各异，就需要做好上料、存储和取货的算法设计，通过布局和线路优化实现高效率和低成本。

3. 运输模式不当

运输模式的具体内容包括运输方式、运输工具、货物、始发地、目的地、距离、交通条件、客户的时间要求等，其中，选择合适的运输方式对于成本和时效的影响是非常大的。运输方式有陆运、海运、空运、铁路运输等，显然，时间越短，成本越高，失效和成本存在利益背反关系。在国际长途运输中，海运是成本最低而时间最长的，空运是成本最高而时间最短的。此外，还要考虑运输的灵活性，海运、铁路运输和管道运输的灵活性都比较差，而其他方式的灵活性要高得多。

运输工具选择不当也是问题之一，如果产品适合零担运输而选择了整车运输，企业的陆运成本就会大大增加；如果产品适合海运拼箱运输而选择了整柜运输，企业的海运成本也会增大。

要做好运输工作，企业须遵循运输作业指导方针，选择合理的运输策略和方法，如运输方式、运输工具、零担或整车、拼箱或整箱等。

4. 物流设施及工具不当

这里的物流设施包括仓库存储设施、装卸车平台设施、装卸车的设备、移库搬运设备等。仓库的基本功能是存储，库房及货架、地面等是它的核心设施。除了存储之外，仓库还需要收货、上架、下架和装货，需要配置叉车、上架和下架设备，如传送带、AGV 自动导向车、升降机等。不同物料的存储方式不同，需要的存储货架或场地也不同，比如，托盘装的货物适合放在高货架上做储存；而紧固件的冷镦线材是成卷的、圆形的，需要托架来保证线材直立并便于搬运。

### 案例 7-2　解决叉车超速问题不需要限速

**1. 问题发现**

曾经遇到过这样一个案例：某企业接到外部安全检查机构的投诉，主要问题是叉车开得过快并存在安全风险，要求整改。

**2. 原因分析**

为此，企业管理层开始研究各种可行的改善措施。在叉车上安装限速是最直接的解决方法，这也是绝大部分人的共同认知。然而，经过认真分析后发现，叉车速度过快的根本原因不是叉车工恣意妄为，而是生产单元与存储地点之间的距离太远且运输量大，叉车工通过加快车速来完成任务。降低车速只解决了安全问题，而没有解决实质性问题。

**3. 寻找解法**

经过进一步研究，团队找到的第一个措施是升级运输车辆——用拖车替代叉车（图 7.2）。这个方法大大提高了搬运能力，叉车一次最多搬运 2 箱货物，而拖车一次搬运 20 箱，效率提高 10 倍，自然可以降低车速，既解决了超速问题，又能让叉车工按时完成任务。

另一个措施是通过优化布局来缩短搬运距离,即在生产单元处就近设置仓储区域,这样就避免了长距离运输,既提高效率又保证了安全。

改善前                                          改善后

每次搬运2箱                                    每次搬运20箱

图 7.2  不同运输方式

### 4. 经验教训

很多时候,头痛医头、脚痛医脚能够从表面上解决问题,但实际上也可能让情况变得更糟,这是非常不可取的。只有找到根本原因,并遵循根本原则,从底层找解法,才能取得最优的结果。

### 5. 呆滞库存过多

呆滞库存就是未能及时流转的物料,它们占用了存储场地,在短期内又没有价值,不仅造成产品减值,而且最直接的结果就是造成现场管理混乱。造成呆滞的原因有几个:(1)产品不良,这一般是最大的原因,也是最应该立即消除的原因;(2)失去客户订单,这需要销售部门或计划部门及时处置;(3)生产或供应的 MOQ 过大,这部分问题是可以慢慢解决的。

全面运营基本原则中的最后一个原则是完美,它的基本要求之一就是要保障产品及过程的零缺陷。产品及过程的缺陷也是产生呆滞库存和物流管理不佳的重要原因之一。

### 6. 物流标准化不足

标准化是在大规模、高复杂度事务中实现高效率、高质量管理的基本手法,它的范围几乎是包罗万象的。针对物流管理,它涉及包装(物)标准化、运输(工具)标准化等单据标准化等。

包装标准化包括料箱标准化、标签标准化、托盘标准化等,也包括了前面提到的集装箱标准化,它有助于提高运输装载率、保护运输质量和加快运输作业效率。在全球供应链及物流标准化的大背景下,在整个企业的供应链及运营过程中,努力实施包装规格、类别、方式和范式一致化,从而降低包装成本及整个物流过程的总成本,具体方法包括托盘标准化、包装箱标准化、标签标准化等。

运输标准化中最典型的是运输车辆标准化和国际运输中的集装箱化。车辆标准化就是将众多规格的车辆缩减为少数几类，包括长度、宽度、高度、载重等。集装箱化则适用于海运或铁运，它是通过采用标准集装箱，实现从发运企业，经港口、在途和目的港，直至最终企业的运输方式，能有效地保护货物，并提升过程效率。

全面运营基本原则中的一个原则是精简，它的基本要求之一就是通过标准化来简化运营及供应链的复杂度，从而提高效率。

7. 包装设计不合理

如果你看到包装经常破损、产品受到损坏，那么很可能存在包装设计问题。包装设计是先期策划，如果设计不合理，那么后续过程很难纠正或弥补。包装设计是包装管理和实施的第一步，只有先期做好策划，才能实现卓越的包装管理。在包装设计中，不仅要考虑包装物和包装作业，还需要同时考虑与之相关的其他因素，如运输、仓储、搬运、配送、信息处理等，而且，需要努力实现包装标准化及精简化，从而提高整体物流效率、降低总成本。

全面运营基本原则中有四个原则与此有关，即价值、协同、精简和完美，其中，价值就是能够最大限度地发挥包装的价值，这既包括对产品的有效保护，又包括其他诸多因素，如成本合理，便于包装作业，便于运输、储存和搬运，符合环保要求（如采用循环包装），便于信息的采集和处理（如采用标准化的可电子扫描的标签），符合人机工程学要求而保护作业员的健康，等等。

采用循环包装替代一次性包装是包装优化的一个重要趋势。在大规模重复性近距离的物流活动中，选用合适的周转箱不仅能够带来成本的降低，还能提高物流效率和质量。但也需要注意，选用循环包装也存在缺点，包括：（1）初期成本投入高；（2）如果野蛮操作，就容易造成周转箱损坏而大大增加成本；（3）需精心管理以避免周转箱丢失。

### 案例 7-3  实施包装一体化项目实践

**1. 背景介绍**

这是一家汽车零部件企业，产品是汽车紧固件。客户的要求是：多品种、多频次、循环包装，并实现快速交付、100%OTD。

**2. 痛点与挑战**

主要问题是客户包装与供应商包装不匹配。客户端的包装要求为循环包装，而供应商包装为一次性包装，企业需要换包作业，造成换包效率低下、差错多。

**3. 寻找解法**

从数据看企业共有395种产品，其中29种产品的入厂包装与出厂包装数量不匹配。改善难点在于：（1）客户端配套率，客户总是基于自己的产品配套率对不同料件规定了不同包装数量，如果要修改客户包装参数需要取得客户物流的同意；（2）供应端共用料，供应商的一种产品可能同时卖给多个客户，或供应商只会采用一种包装，要更改供应商包装需要供应商同意；（3）包装容量限制，每种物料的现有包装都有容量重量限制，更改包装时也需要考虑。

**4. 改善行动**

汇集入厂包装和出厂包装的信息,通过对比,找出不一致并需要变更的包装29种。与客户或供应商分别沟通,确定可以更改包装参数的物料,并实施变更,同时,更新企业包装规范。

**5. 改善成果**

经过三个月的多方沟通和协调,完成了29项产品的包装变更,提高了换包作业效率,也降低了差错率,赢得了客户的高度满意。

**8. 不同职能间配合度差**

如前所述,物流布局和路线规划中需要考虑的主要关系:(1)入厂供应与原材料仓库的配合;(2)仓库与生产线的配合;(3)生产线内物料与生产中心的配合;(4)生产线与成品仓库的配合;(5)成品仓库与厂外发货物流的配合;(6)仓库内部的资源共享。

在日常运营中,更需要不同职能间的密切配合。订单履行中的绝大部分任务都需要若干职能按照一定顺序来配合完成,要想提高效率、降低等待时间,往往都需要多环节密切协同。如果后一环节等到前一环节100%完成后再开始准备,就会造成时间浪费。

全面运营基本原则中的第二和第三个基本原则是流动和协同,其中,流动原则就是尽可能快地实现从供应端到客户端的流动,从而在降低时间、库存和成本的前提下实现产品价值;而协同原则就是要求不同相关方之间做好配合默契。设置窗口时间是实现有效协同的方法之一,所有的衔接配合应该纳入正式的组织分工和流程设计中,从而实现各环节的稳定和持续。

**9. 信息处理系统落后**

物流管理过程也是信息处理过程,如果信息处理系统落后,就会导致信息数据不完善、信息处理速度过慢、信息传递不及时等,并导致物流过程的质量差、效率低、成本高。

在物流管理领域常用的信息沟通技术有WMS、TMS、条码扫描,其他还有ASN、Outlook等。WMS就是仓库管理系统,先进的WMS可以精准设定仓库库位,实现FIFO,并能够做出科学的存取算法,提高仓库作业的绩效。TMS就是运输管理系统,它能够实现接单、运输、配送的多点协同管理,提高运输作业的绩效。条码扫描是指利用标准电子标签和激光扫描技术,实现货物信息的快速采集,它的速度是手工输入的300倍,由此可见先进信息系统的作用。

**10. 作业执行与控制不到位**

很多问题都出自执行不到位,比如,物料混装、标签错贴、ASN漏发等。导致执行不到位的最主要原因是组织管理差、流程设置不当。执行的主体是人、是员工,只有做到员工训练有素、分工合理,流程顺畅而清晰,才能保证整个团队具有强大的执行力,否则,就会出现拖拉、扯皮、效率低下、差错不断等问题。除此之外,还需要考虑物流规划是否合理、战略制定是否到位等,缺少了宏观条件和基础条件的支持,很难让团队做到执行有力。

11. 物流战略与方针缺失

前面介绍的 10 个问题都是具体性的、局部性的，然而，真正要做好物流管理，还需要制定适合的物流战略，确定物流方针，这是实现卓越物流绩效的体系保障。其最基本的原则就是严格执行全面运营六原则，并通过总成本最优降低利益背反的影响，利用协同联动消除牛鞭效应，通过精简降低复杂度。

## 案例 7-4　制造企业物流改造实战

### 1. 背景介绍

这是一家汽车零部件企业，坐落在某产业园内。它有三个生产中心，分别位于三个不同的厂房，同时还有三个仓库，分别位于 4 号厂房、5 号厂房和 3 千米外的另一个工业园内，它们都属于租赁性质。随着业务发展，企业不断扩大承租面积，致使厂房间的距离远，物流路线不合理，造成极大的浪费，需要进行改造。图 7.4 是改造前与改造后的布局图。

### 2. 改造前痛点

由图 7.3 可见，在改造前，不同厂房间的物流量大、物流成本高，存在大量短驳、装卸、搬运等物流作业，占用面积大，响应效率低，运作差错多，团队士气差、离职率高。主要原因之一就是布局不合理，尤其外仓的使用大大增加了周转距离。

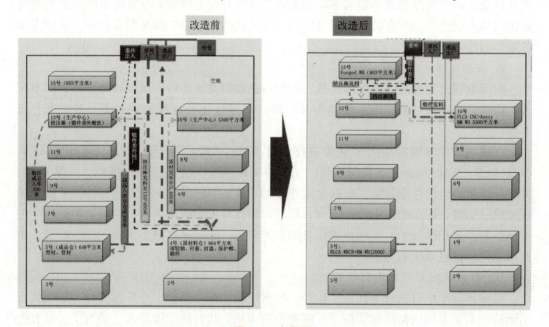

图 7.3　布局图

### 3. 改造原则和行动

整个物流改造持续了 1 年，企业重构了园区内工厂布局和物流线路。采用的基本原则和行动：(1) 围绕生产中心布置原料库和成品库，建立紧凑独立完整的物流体系；

（2）相邻工序顺序布局；（3）砍掉外仓，变为内仓；（4）物料直送线边。

**4. 改造好处**

物流成本大幅下降，每年节省约 200 万元。同时，大幅降低存储面积，提高响应效率，降低了差错率，更重要的是提高了团队士气和稳定性。

## 小 结

物流就是实物的流动。它是企业运营及供应链运行的一种形态，是价值传递的一种载体，它创造了时间价值和空间价值。物流的方式主要包括运输、储存、包装、搬运和配送等。现实中经常会遇到很多物流问题，如现场问题、效率问题、成本问题等，深入分析后会看到，原因是多方面的，其中规划不到位、物流标准化不足、工作执行不力是主要因素。要根本上做好物流管理，还需要遵循全面运营的基本原则，建立扎实的管理体系并实施 PDCA，持续优化。

思 考 题

1. 什么是物流管理？
2. 物流属性有哪些？
3. 物流管理存在哪些问题及问题存在的原因？

# 第八章

# 执行层之设计管理

## 第一节 什么是设计管理

### 一、设计管理概述

通常所说的设计就是把一种设想通过策划、以某种方式表达出来的过程,具体包括理解用户期望、需要和动机,研究业务、技术和行业上的限制,做出产品及工艺规划,并且要使产品做到有用、能用和受人喜爱,以及在经济和技术上可行。由此可见,设计工作开始于客户的需求或设想,经过图纸绘制、产品和工艺策划、样品制作和工艺验证,最终结束于正式生产和客户认可,这便是产品研发设计的范畴。

全面运营管理中的设计是指与产品和工艺设计及验证相关的过程和活动,包括在新项目导入中的技术开发与支持、技术资料与参数维护、技术变更和产品生命周期的结束管理,以及建立和维护技术标准与规范等。特别说明,设计管理只是全面运营管理中执行层九个模块之一,它的范畴要比整个产品研发设计的范畴小得多。

从宏观上来看,产品开发设计职能不宜划分到企业运营管理的范围中,它的范围非常广泛,其核心目标是满足客户需求而不是企业内部运营;然而,它又是与企业运营不可分割,始终深度影响着其他运营模块,这就是全面运营管理中保留设计管理模块的原因所在。

还要补充一点内容,设计工作又可以分为研发设计和应用设计,研发设计是指如何将概念和设想具象化为产品或图纸,而应用设计是指如何将已知的设计方案转化为具体的生产工艺,使产品可以成功地做出来。这也是设计部门又常常被分为研发部门和工艺部门的原因所在。设计工作的输出有多种形式,包括产品图纸、过程图纸、产品样件、工艺流程图、技术标准和规范等,其中也包括企业ERP系统中的设计主数据(物料主数据、物料清单和工艺路线等)。

### 二、设计管理的价值

设计对企业运营和供应链的影响是全方位的,甚至是决定性的,它几乎涉及企业的各个方面和各项指标。

1. 设计影响质量

在所有影响产品质量的因素中,设计是最重要的因素之一。产品质量不是检验出来的,它首先是设计出来的,然后是生产出来的。如果在设计上存在严重缺陷,无论后续如何检验、如何生产,质量状态都难以达到要求,或者不得不付出极大代价。借用PDCA的逻辑,设计就是整个产品实现中的策划(Plan),之后的生产、检验等就是执行(Do)、检查(Check)和改善(Action),P是最重要的。

设计是质量管理的基础。从二十世纪五六十年代开始,质量管理理论得到了长足发展,从最早的QI(质量检验)发展为QC(质量控制)、QA(质量保障),最后是TQM(全面质量管理),质量管理的范畴扩展到了几乎整个企业,质量意识得到了全面加强。但与此同时,我们也看到一个不好的现象泛质量化,很多企业把质量管理的范畴无限扩大,这种理念存在明显不妥。如果把一个企业的全部管理活动都定义为质量管理范畴,就会大大弱化其他职能的作用,也模糊了组织分工和部门职责,造成管理混乱。因此,我们应该准确定位质量管理。设计职能负责产品和工艺策划及标准和规范的制定,质量职能负责落实设计标准与规范并实施检查与控制,设计在前,质量在后,设计是质量管理的基础和依据,这便是二者的关系。

2. 设计影响生产

毫无疑问,没有生产就没有产品,生产部门在企业中的地位总是很高,但生产过程与生产绩效都深受设计职能的影响,比如,产品及生产工艺是设计人员策划的,生产标准与规范也是依据设计输出而制定的,设计决定标准,没有设计,生产就会无所适从。

设计决定了生产工艺,进而影响或决定了工艺路线、线体布局、加工节拍、材料利用率等,也决定或部分决定了固定资产投入数量、生产效率和质量水平,它还是生产作业指导书和技术规范的重要依据。从某种角度上说,设计决定了生产的质量、效率和成本。

3. 设计影响采购

采购的目的就是要从外部获得资源来满足企业的内部需求,具体包括供应商寻源、供应商评定、谈判和合同签订、物料调达等,其中的一个重要议题就是决定买什么、从哪里买及如何实现总成本最优。一般认为这由采购部门决定,其实不然,它是由不同职能部门共同决定的,其中,设计职能的影响权重非常高,它已经先期决定了很多关键内容。

一个外购件的材质、结构、性能、技术标准等都是由设计者确定的,比如,图纸已经确定了材质和工艺,那么,采购员就只能在这个前提下做选择,不能自行更换材料或工艺。相应地,它的采购成本也就必须基于设计材料和工艺,也不能超出这个范围。

此外,设计部门也是参与供应商评定的成员之一,在技术评审中具有绝对的权威性,影响着供应商选择,尤其是关键供应商的选择。

4. 设计影响战略

在市场竞争中,一个企业是否持续强大取决于它的核心竞争力,核心竞争力越强,企业地位越高、绩效越好,其中,核心竞争力的一个重要来源就是技术,拥有领先技术总是众多企业所追求的，这是制定企业战略的一个重要考虑因素。

设计职能掌管着企业核心技术，无论是产品技术，还是工艺技术、或是信息管理，都是企业的核心资源，它始终影响着企业的战略方向和行动举措。比如，企业的产品技术定位、质量定位、产品线定位等都影响或决定着企业的市场、成本、模式及整个企业的战略。

5. 设计影响供应链

一个企业的供应链涵盖客户端、本企业和供应端的整个范围，其中，价值传递的载体是产品或服务。设计职责不仅决定着产品和工艺，还影响着客户选择、供应商选择、生产和物流模式。供应链越复杂，实物流转环节越多，供应链协同越困难，企业及整个供应链的运营效率就越低。

如何简化供应链？那就需要精简设计，即产品类别少、料号少、产线少、供应商少。通过生产较少品类、较大数量的产品来实现规模效应，这是实现卓越绩效的关键所在。

看看众多跨国企业，它们往往多元经营、业务广泛、全球分布、规模宏大，似乎它们的供应链应该会非常复杂，但事实上并非如此。为了降低复杂度，它们会将整个集团拆分为若干个事业部，每个事业部专项管理特定的品类或行业，从而提高了规模效应，降低了运营成本。

## 案例 8-1　多供应商策略损害企业利益

### 一、背景

NF 企业，从事汽车售后电子产品制造，有员工 1 100 人，年销售额约 3 亿元，90% 的产品都出口国外。从分析采购数据会看到，它有 225 家供应商，年均采购额仅为 34 万元，同时，大部分物料都有 3 家及以上供应商，这导致企业议价能力弱、人工成本高、响应速度慢。

### 二、供应商绩效表现

供应商质量不佳，问题频发，交付不稳定，库存极高，虽然直接采购成本较低，但总成本很高，最终导致企业整体运营绩效不佳。

### 三、原因分析

设计的复杂度决定供应链的复杂度，进而影响企业的成本和竞争力。在 NF，技术开发部对产品成本拥有绝对主导权，成本指标也是设计人员的关键绩效考核指标之一；可是，这里的成本是指直接采购成本，不包括切换成本、质量成本等间接成本。企业不断开发新产品，也不断寻找新供应商，大家只注重直接成本而很少顾及运营和供应链成本，最终导致自食苦果。因此，要实现卓越运营，必须坚持设计"精简"。

## 第二节　如何实施设计管理

### 一、产品和工艺开发工作

产品开发是指从接到客户需求或提出产品概念直至量产的全过程，包括概念评估、产品开发、工艺开发、样件试制、小批量生产直至完全量产。如前所述，这部分工作与运营密不可分，但并不真正属于运营范畴，这里只做简单介绍。

1. 概念评估

企业无论是根据客户需求还是根据设想和概念进行产品开发，首先需要在起始阶段进行产品评估，确定产品的材质、尺寸、性能、检验、工艺、应用场景等是否可以接受或实现，评估部门包括技术、质量、生产、采购等相关部门。只有评估通过，方可启动正式的开发工作。

2. 产品开发

产品开发是指设计者根据需求或概念将产品初步设计出来，如果有条件，可以利用仿真软件进行模拟，确定产品的规格、性能等是否符合需要，反复修改或变更往往是难以避免的。

3. 工艺开发

产品初步设计完成后，还要进行生产工艺的开发和设计，制作生产工艺过程流程图。如果有条件的话，可以借助模拟仿真软件，更加直观地判断工艺过程是否合理。产品设计不能替代工艺设计，只有将产品顺利生产出来，才算是开发成功。

4. 样件试制

初步的产品设计和工艺设计只是"纸上谈兵"，样件试制需要做出样件实物，验证设计是否满足要求，必要时，还需要修改产品设计和工艺设计，甚至再次制作样件，直至满足要求。

5. 小批量生产

样件试制的主要目的是验证产品，而小批量生产的主要目的是验证工艺，利用量产的产线，依据量产时的工艺参数进行小规模连续生产，以此来验证生产工艺是否达到要求。在IATF16949中有一个工具叫生产件批准程序（Production Part Approval Process，PPAP），它就是一个典型的小批量生产验证活动。

6. 量产

只有量产才是最真实的生产状态，直到此时，所有产品和工艺开发活动才会最终完结，所有的设计参数（包括物料主数据、物料清单和工艺路线）才会完全锁定下来，此时，需要在ERP系统中完成所有设计参数的录入和维护。

### 二、设计与其他职能协作

其实，在产品开发中，设计工作并不是与其他职能完全隔绝的，它需要和销售、生产、质量、采购等其他职能相互配合，这项内容可以参照 IATF16949 体系中的 APQP 流程。

1. 什么是 APQP

APQP（Advanced Product Quality Planning）指的是产品质量先期策划，它是 IATF16949 体系的一部分，是一种用来制定确保某产品使顾客满意所需步骤的结构化方法。有效的产品质量策划依赖于高层管理者对努力达到使顾客满意这一宗旨的承诺。APQP 包含五个过程，即计划和定义，产品设计和开发，过程设计和开发，产品和过程确认，反馈、评定和纠正措施，参见图 8.1APQP 流程图。

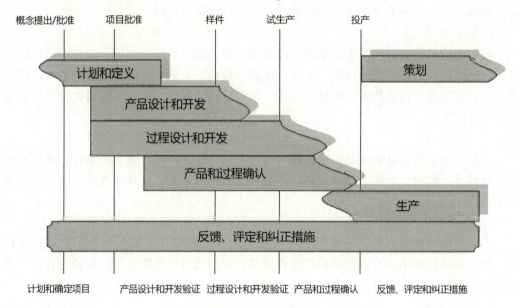

图 8.1　APQP 流程图

（1）计划和定义。本过程的任务是确定顾客的需要和期望，计划和定义质量大纲。在这个阶段所做的一切工作都必须把顾客牢记心上，并清晰确认顾客的需求和期望。

（2）产品设计和开发。本过程的任务和要点包括讨论将设计特征发展到最终形式的质量策划过程诸要素。小组应考虑所有的设计要素，即使设计为顾客所有或双方共有。一个可行的设计应能满足生产量和工期要求，也要考虑质量、可靠性、投资成本、重量、单件成本和时间目标。尽管可行性研究和控制计划主要基于工程图纸和规范要求，但本章所述的分析工具也能猎取有价值的信息，以进一步确定和优先考虑可能需要的特殊产品和过程控制的特性。保证对技术要求和有关技术资料的全面、严格的评审，并进行初始可行性分析，以评审制造过程中可能发生的潜在问题。

（3）过程设计和开发。本过程的任务和要点是首先保证开发一个有效的制造系统，保证满足顾客的需求和期望，其次讨论为获得优质产品而建立的制造系统的主要特点及与其有关的控制计划。

（4）产品和过程确认。本过程的任务和要点是讨论通过试生产运行评价对制造过程进行验证的主要要点，应验证是否遵循控制计划和过程流程图，产品是否满足顾客的要求，并应注意正式生产前有关问题的研究和解决。

（5）反馈、评定和纠正措施。本过程的任务和要点是质量策划不因过程确认就绪而停止，在制造阶段，所有变差的特殊原因和普通原因都会表现出来，我们可以对输出进行评价，也可以对质量策划工作有效性进行评价。在此阶段，生产控制计划是用来评价产品和服务的基础，应对计量型和计数型数据进行评估并采取 SPC 手册中所描述的适当的措施。

2. APQP 的优点与要点

产品质量先期策划是一套结构化、系统化的方法，目的是要确保产品满足顾客的需求和期望。它不是对某一个单一职能而是对所有相关方的管理，它采用了矩阵型方法。它的范围包括产品的概念设计、设计开发、过程开发、试生产到生产，以及全过程中的信息反馈、纠正措施和持续改进活动，倡导采取防错措施来降低产品风险和持续改进。其中，制定和实施时间表是该项工作的核心。

这是一个结构化的新项目开发管理工作，主要优点：（1）目标明确，即满足顾客要求，不断改进；（2）方法规范，即按规定的方法和组织形式进行策划；（3）工具专业，即应用各类分析工具，如 FMEA、MSA、SPC、流程图、QFD 等；（4）效率高，即利用跨职能协同，实现组织的高效。

### 三、运营中的设计管理任务

在全面运营管理中，设计管理的内容包括新项目导入中的技术开发与支持、技术资料与参数维护、技术变更和产品生命周期结束管理，以及建立和维护技术标准与规范等。前文所介绍的就是新项目导入中的技术开发与支持，这里介绍一下其他内容。

1. 技术资料和参数维护

设计管理中的工作之一就是对技术资料和参数的管理与使用，它既包括企业对纸质的或数字的图纸、数模、标准、规范的分类、存储、分发和更新，还包括它们在整个企业乃至供应链中的应用。比如，ERP 中的设计主数据，即物料主数据、物料清单和工艺主数据必须在产品生产前最终确定并更新到位，以便于计划、生产、采购、仓储等其他职能引用。再比如，一旦企业的产品图纸发生变更，也需要及时将供应商处的图纸进行更新，避免造成差错。

### 案例 8-2 企业产能该由谁负责

**1. 问题描述**

曾遇到这样一个企业，它始终没有建立起一套完整的产能管理机制。无论是设计部门，还是生产部门或计划部门，都只了解自己本部门的信息，而不知道企业全貌。

**2. 原因探究**

生产部门是一线战斗部队，他们知道企业有几条生产线，知道每条生产线能做什么产品，也知道大致的生产节拍，但是，他们缺少关于产品和工艺技术参数的完整信息，缺少客户需求的准确数据，所以，他们总是不自信。

按道理说，计划部门是负责客户需求和生产计划的统筹部门，他们应该最了解产能，可他们说没有这方面的数据，无法管理产能。

设计部门负责产品和工艺的设计与开发，他们应该了解产能，但设计部门说，生产线的实际参数不完全一致，他们只负责设计开发，不负责后期维护，所以也无法管理产能。

**3. 问题解析**

产能管理是为了满足客户需求而对本组织未来一段时期的生产能力进行分析的一项管理工作。很显然，这是一项跨部门的综合性工作，其中，产能规划由设计部门负责，实际执行由生产部门负责，而客户需求是由销售部门或计划部门负责的，要做好产能管理，每个部门都应该做好本职工作，尤其是设计部门不仅应该做好开发设计，还应该做好技术数据的管理和维护，保证其他职能部门及时和便捷地获取。而计划部门应该在获取全部信息的基础上做好产能分析，这也是计划管理的工作内容之一。与此同时，生产部门需要支持设计和计划部门，按照要求验证技术参数、反馈实际数据，所有这些工作要求都应该纳入产能管理程序，实施统一管理。

2. 技术变更管理

技术变更是设计管理工作的重要内容之一。前文介绍的技术数据维护主要针对新项目开发阶段，而转入量产后的重点就是技术变更管理，通常称为工程变更管理（Engineering Change Management，ECM）。在企业日常运营中，出现工程技术变更是非常正常的，然而，它的影响又非常大，比如，它会影响工艺稳定性、供应商选择、运营成本和采购成本，还可能造成大量的物料呆滞，所以，企业都需要设定一个变更管理程序，以便于有效管理工程技术变更。

3. 产品生命周期结束管理

每一个项目或产品都有它的生命周期，与技术变更管理相似，如何做好生命周期结束的管理对于企业运营的影响也非常大，这也是设计管理的工作内容之一，需要企业设定相应程序，实施有效管理。

4. 建立和维护技术标准与规范

在企业运营中还有一项设计管理工作就是建立和维护技术标准和规范。无论是图纸还是技术规格说明，它们都只提出了局部技术要求，但要让整个设计管理工作都实现精简化和标准化，甚至是助力于整个运营及供应链体系都做到精简和高效，就需要建立和维护技术标准与规范，并指导所有相关方的工作。

## 四、设计管理的原则

全面运营管理基本原则全部适用于设计管理，与此同时，要做好设计管理，它还需要考虑更多的要求和规则，以下分别介绍。

1. 制定设计开发方针

在企业的产品及工艺设计开发过程中须遵循价值、流动、精简、协同、迅捷和完美原则，尤其重视精简和流动原则。不仅要满足客户要求，还须满足生产、采购、物流及整个供应链的高效率、短周期和易管理的要求，实施标准化、数字化。产品设计的出发点是为客户创造价值，没有价值就没有意义。设计是决定供应链复杂度的阀门，设计的复杂度决定了供应链的复杂度。降低设计复杂度的方法有产品类别简化、产品结构简化、工艺过程简化和设计参数简化等，由此生产过程就会简化，计划管理、库存管理和采购管理就会简化，企业的管理效率就会提升。流动提升价值，呆滞滋生浪费，设计影响实物流的流动性，比如，稳定的生产过程、顺畅的工艺路线、均衡的线体产能有利于提高实物流动性。

2. 遵循总成本最优原则

在企业的产品及工艺设计开发中须遵循总成本最优原则，不仅要考虑直接获得成本，还须考虑生产、采购和物流过程使用成本、退出成本和客户价值。在实现所有功能和诉求的同时，始终不能忽视成本问题，这里还要特别强调，企业应追求总成本最优而不是局部成本最优，在供应链管理中具有广泛的利益背反现象，狭隘的成本观念会损害整个供应链的利益。

3. 强化设计参数管理

企业须具有完整规范的设计主数据，并录入信息系统，实施统一规范管理。只有数字化的信息才更容易被传递和应用，另外，还需要规范化、标准化，要统一结构、统一标准、统一模板、统一编码、统一名称、统一规格描述等。比如，在标准 ERP 系统中，设计主数据分为标准的三个部分，即物料、物料清单和工艺路线，它们又分别都包含标准的子数据，如物料主数据又包含了物料代码、描述、规格、计量单位、重量等信息。企业须强化设计参数管理。

4. 严格管理设计变更

企业须有效管理设计变更，做好文件更新、信息沟通、追溯及 FIFO 管理和库存控制，避免造成客户抱怨和产生呆滞库存。

5. 重视设计信息互通

企业须利用先进适用的信息沟通工具（如 ERP），以保证设计参数能让其他关键职能（如需求管理、计划、生产、质量、采购等）易于获取并且互联互通。信息本身没有价值，信息使用才会创造价值。随着全球化和移动互联技术的发展，人们的工作模式正在向"移动、分散和互联"的形态转变，重要信息的随时可得性越来越重要。企业须运用局域网、万维网、云技术、大数据、APP、Portal、ERP 等信息沟通技术和工具，让供应链上的所有相关人都能够便利地使用信息。此外，设计信息还需要集成化，让设计信息与其他供应链信息集成在一起，易于相互引用。信息集成化是供应链集成化的前提条件。

6. 追求全链设计标准化

在所属供应链的上下游企业之间，需要尽力采用一致规范的技术标准，且具有明确有效的技术沟通机制，保证关键设计信息（如技术标准、图纸号、版本等）得到及时同步更新。设计决定标准，标准决定过程，过程决定结果，供应链上有多个主体，大家只有采用相同的或一致的技术标准和规范，才能够产生高效、高质量的协同联动。有了标准，还需要实现有效传递和沟通，上下游沟通是最基本的沟通方式，建立行业学会是在更大范围沟通内采用的沟通方式,这些都值得考虑。

以上六个要点涵盖了企业运营及供应链管理的各个方面,如果能够全部落实到位,企业的绩效水平一定会得到提高。

## 案例 8-3　70 天完成 200 种紧固件开发与交付

**1. 背景**

KAF 是一家跨国的汽车紧固件供应商,核心竞争力之一就是其强大的供应链管理能力,它的客户需求描述如下:

中国新成立的某家电动汽车 OEM 厂家正在紧急开发一款新的电动汽车,并要生产 200 辆样车,每辆汽车上需要用到大约 200 种紧固件。

正常的产品开发时间需要 2—3 年,包括选型、验证、批准、采购、生产、运输、包装和交付。

客户要求的完成时间是 70 天,包括开发和交付的全过程。

**2. 项目挑战**

时间短:常规的开发流程需要 2—3 年,客户要求是 70 天。

质量要求高:汽车行业质量要求非常高。

**3. KAF 的解决方法**

利用全球共享的现有产品数据库,根据客户样车的设计,选择适合的产品型号,即将复杂的开发过程转变为选择过程。

利用全球共享的 ERP 系统,查询集团在全球各工厂的库存,即集成互联分散的信息工具助力供应链的计划和决策。

利用顶级快递公司和企业的专业能力,从全球各地调运货物到苏州,经工厂检验和包装后快速交付给客户,即实物流的运作做到快速而可靠。

**4. 结果与感悟**

KAF 仅用 70 天圆满完成了此次订单,企业不仅获得很好的收益,更赢得了客户的高度满意和认可。设计开发固然重要,但往往开发周期长、成本高,如果能够将庞大的技术信息进行数字化、规范化和集成化,并且实现多人多地的轻松获取和应用,就会带来巨大的商业价值。

要构建强大的供应链能力,需要设计、计划、信息沟通、实物流运作等多职能的密切配合,这种配合不仅停留在团队协作层面,更应该发展成为"依托于先进 ICT"的集成协同和互联。

由此,要想实现卓越设计管理,需要在开发初期就要考虑它对其他职能及整个供应链的影响,包括技术的可靠性、标准的通用性、检验的操作性、实物流的顺畅性等,其目标符合全面运营管理的六个基本原则。这种理念和实践在整车开发中得到了充分的体现。汽车行业竞争异常激烈,各主机厂采取平台化和架构化的方式进行整车开发。通过这种方式,大部分零件获得共用,开发周期缩短,成本得以降低,同时便于物流和质量的管理。

## 小 结

传递价值的唯一载体是产品,而设计决定产品和工艺,深度影响企业运营和供应链,在全面运营中具有重要地位。近年来,大家的一个共识就是中国制造与中国智造的差距在于设计。跨国公司在中国投资设厂,盈利颇丰,但很多核心技术依然留在国外,使中国工厂变成了生产车间,缺乏核心技术。再看很多民营企业,趋之若鹜地引进、模仿和拷贝国外技术,但忘记了初衷,不做研发,不做独立思考,这需要引起国人警醒。

1. 什么是设计管理?
2. 如何看待设计管理的重要性?
3. 卓越设计管理的原则有哪些?

# 第九章
# 执行层之质量管理

质量的概念早已深入人心,"质量第一"成了很多企业的信条。然而,不同企业的质量水平良莠不齐,如何做到产品质量好且运营效率高,这是本章质量管理所要探讨的主题。

## 第一节 什么是质量管理

### 一、质量管理概述

#### (一)质量的定义

1. 质量就是符合标准

这里所说的质量就是质量合格,就是符合标准。也就是说,只要产品符合标准要求就是质量合格,这是质量的基本定义。因此,在进行质量判别时,首先要制定一个质量标准,然后将产品与它进行比对,确定是否符合标准,质量结果就出来了。

2. 质量就是满足要求

很显然,客户是影响质量标准的重要一方,因此,质量定义又可修改为质量就是满足客户要求。也就是说,符合标准还不够,企业的产品和服务还应该满足客户的要求。这使质量标准进一步扩大,由具体变为抽象,由单纯的产品质量扩展至服务质量、交付质量、过程质量等更大的范畴。

3. 质量就是实现客户满意

有人说,即使满足了客户的明确要求,但无法满足他们的隐性要求,客户也会不满意,所以,质量定义又升级为质量就是实现客户满意。也就是说,只有满足客户所有要求并使其满意,才算质量合格。由此,质量范围大大扩展了。

4. 泛质量化并不可取

以上三个定义从低到高、从具体到抽象、从局部到全面,顺应了质量管理理论的发展。然而,其中出现了一种趋势值得注意,那就是泛质量化,似乎质量就是企业运营的一切,一切都要为质量服务,这明显是不对的。如果说企业的一切经营活动都是为了质量,那么,质量管理之外的营销、生产、采购等职能就会失去应有的重要性;过分强调质量,则会弱化其他职能的作用,导致管理混乱。质量管理的范畴不宜宽泛模糊,而要具体明确,否则,人们就会无所适从。

### (二) 质量管理的定义

质量管理是指为实现质量目标而实施的一系列管理活动，包括并不限于体系策划、标准制定、组织和流程构建、产品及过程检验、不良品处理、追溯管理等，质量管理的工作范围不限于企业内部，还包括整个企业供应链范围。

质量管理是执行层中九个模块之一，与设计管理紧密相邻，这表示，质量管理是企业运营中的一个重要职能，它应该与设计职能协作，在整个企业运营和供应链管理中发挥作用。

质量管理的目标有两个，一是符合质量标准、满足客户要求和实现客户满意，二是合理控制成本，二者需要兼得而不可顾此失彼。

质量管理不会增值但可防损。质量管理工作几乎不会给企业带来直接收益，甚至还会延缓工作进度；但这又是非常必要的，就如同汽车制动系统一样，它无法直接让汽车加速，但能保证汽车在高速时的安全行驶；质量管理无助于快速生产，但能防范不良品的产生和重大质量损失的出现。

## 二、质量管理的发展

以发达国家的历程来看，质量管理的发展大体经历质量检验、统计质量控制和全面质量管理三个阶段，分别介绍如下。

1. 质量检验阶段（20世纪初—20世纪30年代）

质量检验作为一种科学的管理方式，形成于20世纪初。受到泰勒"科学管理"的影响，大多数企业普遍设置了专职的检验（QC）部门，配备了一定数量的专职检验人员，制定了产品检验制度，添置了必备的检验仪器，用一定的检验手段负责全企业的产品检验工作。企业执行检验的职责由操作者转移到工长，继而转移到专职的检验人员身上，这是一个很大的转变。由检验员把关，加强了生产者的责任心，减少了社会上不良品的流通，促进了产品质量的提高。但人们对质量管理的理解只限于产品质量的检验，即依靠检验手段挑出不合格品，并对不合格品进行统计而已，管理的作用薄弱。

这种以事后检验为主的方式，对于防止不合格品出厂，保护出厂产品质量和用户利益是完全必要的，但是，它不能避免不合格品的产生，而且出了质量问题又可能产生推诿，随着生产规模的扩大，其缺陷越来越突出。比如，解决质量问题缺乏系统的观念；只注重事后的结果，缺乏预防；要求对成品进行100%的检验，在大批量生产的情况下往往难以实现。

2. 统计质量控制阶段（20世纪30年代—20世纪60年代）

统计质量控制形成于20世纪30年代，其目的是预防生产过程中不合格品的产生，从理论上实现了质量管理从事后把关向事前预防的转变。利用数理统计原理在生产工序间进行质量控制，可以预防不合格品的大量产生，在方式上，责任者也从专职检验员转为专职的质量控制工程师和技术人员，这标志人们的观念从事后检验向预防质量事故转变。但由于过分强调数理统计，员工会感到疑惑，误以为"质量控制是工程师的事，与自己无关"，从而限制了这些方法的进一步推广。

### 3. 全面质量管理阶段（20 世纪 60 年代后）

全面质量管理的理论于 20 世纪 60 年代提出，至今仍在不断地发展和完善当中。它强调质量职能应由全体人员承担，质量管理应贯穿于产品产生、形成的全过程。全面质量管理是在统计质量控制的基础上发展起来的，它重视人的因素，强调企业全员参加，从全过程的各项工作研究质量问题，它的方法手段更为丰富，从而把产品质量真正管理起来。全面质量管理的基本特点是：（1）从过去的以事后检验和把关为主转变为以预防和改进为主；（2）从过去的就事论事、分散管理转变为用系统的观点进行全面的综合治理；（3）从管结果转变为管因素，把影响质量的诸因素查出来，抓住主要矛盾，全员发动，全部门参与，依靠科学管理的理论、程序和方法，使生产作业的全过程都处于受控状态，以达到保证和提高产品质量和服务质量的目的。

## 第二节　质量不良的后果与原因

### 一、质量不良的后果

如果一件产品质量不良，直接损失就是报废一件产品，但从整个供应链及运营范围看，它所造成的损失可能远不止于此。

1. 产品报废

无论是采购还是生产都需要投入成本，目的就是要得到合格的产品，而一旦产品质量不良，所有的投入都化为乌有，这只是最直接的浪费，间接的损失还有很多。

2. 下道工序停机

在多工序生产模式下，一道工序发生质量不良，下道工序就会停机等待；如果质量问题严重，就会导致整个生产线停机。此时，质量不良的损失已经超出了产品本身的价值。

3. 客户停线

如果企业不能生产出合格的产品，就无法满足客户交付，客户就无料可用，客户的生产线就会停机待料，甚至客户的客户也会停机待料，这个损失就更大了。企业不仅要承担客户索赔，还要承担商誉损失和巨大的连带损失。

4. 发生加急费用

质量不良必然打乱原来的供应计划，企业不得不启动紧急运输、强行插单、加班加点，常常会产生大量的加急费用。

5. 库存成本升高

不良品是无法使用的，但为了满足客户订单，企业还要再订货、再生产，库存就会大幅增加。不良品会增加库存，因出现不良品而发生再生产会增加库存，因不良率高而增加额外订货和生产库存，库存成本就会相应升高。

6. 发生额外处置成本

一旦出现质量不良，尤其是严重不良，企业不得不投入很多资源进行风险识别、受控发运、全检和整改验证，质量管理成本会大幅增加。

7. 导致计划和生产混乱

无论是计划还是生产都是按照正常顺序安排的，这也是成本最优的方式。一旦出现质量不良，企业不得不将设备停机、全线追溯封堵、返工返修、重新生产，原来的生产计划、交付计划、采购计划等全被打乱，整个企业甚至其他客户都会受到波及。

8. 导致供应链混乱与召回

如果企业的产品出现严重质量问题，有时会导致它的所有客户停线，进而又造成它的客户的客户停线，整个供应链就乱了。如果不良品已经传递到客户，甚至是客户的客户手里，就不得不启动召回程序，损失就会更大，企业不仅要排查和替换，还会产生巨额索赔。质量不良的负面影响是多方面的，有直接的，也有间接的，但都不是企业所乐见的。

## 二、质量不良的原因解析

产品不合格是典型的质量不良，可以从人、机、料、法、环和测等方面进行逐一分析，这里不做赘述。以下从全面运营角度解析它的影响。

1. 客户需求决定质量

质量就是满足客户要求和实现客户满意，客户是要求的提出者和评价者，无论是产品质量还是物流质量和服务质量，最终都是由客户评判，都是由客户的购买意愿来体现。

2. 设计决定质量

质量就是符合标准，而设计部门负责产品和工艺设计，确定了形状、材质、精度、工艺顺序、节拍、技术要求的一系列标准，设计质量决定了产品质量。

3. 生产影响质量

人们常说，质量不是检验出来的，而是生产出来的，因为生产过程制造了产品，也就塑造了产品质量。

4. 采购影响质量

外购的原材料和零部件质量影响产品性能，外购的设备、模具、刀具等影响工艺质量，采购管理的好坏影响供应商的绩效标准，因此可以说，供应影响质量。

5. 物流影响质量

物流过程就是实物的流转过程，无论是运输还是储存、搬运和包装都可能损伤产品，或者影响客户收货或使用，因此可以说，物流影响质量。

6. 其他职能影响质量

全面运营中的其他职能也会直接或间接地影响质量，如企业的组织结构、人员技能、流程体系、制度规范、设施设备、工具方法、激励约束等，它们都会影响企业运作，进而影响企业的质量表现。

## 第三节　如何做好质量管理

### 一、要符合标准

1. 明确标准

要想做到符合标准，首先就要明确标准。标准来自客户要求，来自工程设计，来自企业的方针规范。企业需要将外来标准和要求进行内化，转化为内部的具体要求，如产品图纸、生产作业指导书、检验操作规程等。有了标准，就有了标尺，就能有章可循，之后才可能做到执行正确、产品合格。

2. 管控过程

只有过程稳定，才能实现质量稳定，因此，质量管理的重点在于管控过程，包括生产过程，也包括整个供应链过程。

3. 及时检查

没有检查，就无法发现偏差，就可能失之毫厘，谬之千里。同时，检查方法要得当，检查频率要适中。频率过高会增加管理成本，频率过低会错失纠偏时机。

4. 坚决纠正

发现偏差就要坚决纠正，让其快速回归到正常的状态。

以上四个步骤构成了一个 PDCA 过程，其中，明确标准就是 P，管控过程就是 D，及时检查和坚决纠正就是 C 和 A，它们构成了一个完整的闭环。

### 二、要全面高效

要实现卓越质量管理，符合标准是基本要求，企业还要做到全面高效，其中，全面是指质量管理不仅局限于产品质量，还要覆盖全过程、全系统、全供应链和全员，而高效是指质量管理中不仅要做到快速，还要尽可能做到不影响生产运营效率。这里介绍几种典型的方法。

1. 先期策划

明确标准只是初期质量策划，还要做到全工艺、全过程、全系统的先期策划，识别和分析各种风险因素及应对措施。

2. 过程控制

这一项前面已经说过这里不再赘述。

3. 根本原因分析

所有不良都有原因，只有消除根本原因，过程才会稳定，质量才会变好，相同问题才不会重复发生。根本原因分析方法有 5W 法、鱼骨图法等。

4. 快速检验和同步工程

质量管理是有成本的，而其中一项关键成本往往被大家所忽视，那就是它会降低作业效率及实物流动速度。为此，企业应开发先进的检验工具和方式，实现快速检验、同步检验、在线检验，比如，采用 POKA YOKA 防呆、自动光学筛选、自动扭力测量，甚至可以采用具有高度稳定性的设备，取消检验。

5. 事前、事中、事后控制相结合

事前控制能提前预判风险、做好预防，但有时也会有疏漏、会考虑不周；事中控制能控制过程质量，但往往会降低过程效率；事后控制能实现质量追溯或补救，但却无法消除已经发生的不良损失。任何一种方式都不是完美的，只有三者相结合，才能做到既有效管控风险，又合理管控成本。

### 三、要建立体系

1. 什么是质量体系

质量体系又称质量管理体系（Quality Management System，QMS），它是指企业为实现质量目标，根据国际标准化组织的标准在组织内部建立的指挥和控制体系。它将资源与过程结合，运用过程管理方法，涵盖了从确定顾客需求、设计研制、生产、检验、销售、交付之前全过程的策划、实施、监控、纠正与改进活动的要求，一般以文件化的方式，成为组织内部质量管理工作的要求。

2. 质量管理体系的意义

质量管理体系的建立，能够提高企业内部质量管理的水平和企业效益，降低客户审核成本，增强客户信任。

3. 质量管理体系的属性

质量管理体系的范围囊括了整个企业，它由企业最高管理者主导，各部门共同参与，定期经受第三方审核认证，为此，质量管理体系是整个企业的体系，而不是仅限于质量部门的事，很多企业甚至将其更名为"企业管理体系"，更体现了它的企业属性。

质量管理体系只是众多体系中的一个。除了质量管理体系之外还有很多体系，如预算体系、计划体系、生产体系、人力资源管理体系等，其中有些与质量管理关系密切，如生产体系，而有些则关系较远，如预算体系，它们都有各自的作用和价值。在实践中，很多企业将质量体系作为运营管理的核心框架，其他体系作为辅助并尽量与之融合。这是一种务实的做法，既然质量体系已经成为整个组织的核心管理框架，就不需要另起炉灶建立体系，如生产管理、安全管理、环境管理等。有些体系的专属性强，难以直接纳入，如计划体系，则可以通过引用方式把它纳入质量体系。

## 第四节　如何做好质量追溯

### 一、质量追溯的意义

质量追溯是一套有效保障产品质量与安全的工具，它能够实现关键要素与过程追踪，找出问题根源与范围降低质量风险。其具体做法是在生产和流转过程中，每完成一个关键工序，都要记录操作者及检验者的姓名、时间、地点及状态，并在产品的适当部位做出相应的质量状态标志，追溯记录存档备查。

质量追溯的目的就是降低质量风险和召回成本。当产品在后续流通过程中发现不良时，企业能够快速准确地定位问题并对缺陷产品进行召回，从而尽可能缩小产品召回范围，提高响应速度。

质量追溯的过程总以产品标识和批号为基础；从原材料到成品的整个生产和流通过程中，所有关键信息（如材质、工序、时间、地点、加工参数、产品结构等）都被记录下来，事后一旦发现缺陷，就可以根据标识以及上面的批号进行追踪。

追溯是质量管理中的一个重要议题，它与 FIFO（先进先出）相伴相生，贯穿于整个生产及供应链过程。它不仅会影响质量，还会影响企业及供应链效率，这一点不可忽视。

## 案例 9-1　工艺委外类外发加工也应使用《生产过程追踪卡》

### 1. 背景描述

F 是一家汽车零部件生产企业，其工艺过程中的表面处理需要委外加工。当前做法是：外发前先进行半成品入库，然后再填写《委外加工单》，进行半成品出库，之后发货到外协单位。此时原来随货的《生产过程追踪卡》留在工厂，外协过程的追溯依据变为"料箱号"。返厂后，F 企业再依据《委外加工单》和《供应商送货单》中的料箱号进行核对入库。

### 2. 产生的问题

这样的做法会产生若干问题：（1）追溯过程繁琐，追溯信息数次转换，效率低，易出错。追溯信息的顺序是：《生产过程追踪卡》→料箱号→外发《委外加工单》→外协加工依据料箱号→核对《委外加工单》和《供应商送货单》的料箱号→《生产过程追踪卡》，其中，原始追溯信息被数次转换，不仅效率低，也容易发生错误。（2）加工件两次入出库，仓库作业成本高。外发前发生一次入库和出库，外发后又发生一次入库和出库，额外增加了仓库的管理成本。（3）实物流与价格管控不同步，增加管理成本。针对每次外发加工，F 企业都会单独释放一份《采购订单》，用以管控价格。然而，工艺外协的价格已经协议锁定，结算时只需要依据实物数量，《采购订单》的价格确认不仅增加了管理成本，还容易产生差异。

### 3. 解决方法

从本质上看，工艺委外类外发加工是生产工艺路线中的工序之一，也应该参照厂内的追踪方式，使用《生产过程追踪卡》进行追溯。如果《生产过程追踪卡》易丢失，可以使用卡袋，将卡放入其中，或者同时准备一式两份《生产过程追踪卡》，采用不同颜色，一份随货外发带走，一份留存在企业，丢失风险就下降了。

### 4. 经验教训

工艺委外类外发加工是正常工艺路线中的一道工序，也应该按照正常方式进行追溯。如遇到《生产过程追踪卡》已丢失问题，想办法解决这个专项问题就好，外发和追溯的管理方式不应改变。

## 二、质量追溯的常见问题

在质量追溯中,最大挑战就是如何做到既实现追溯,又不影响运作效率。

1. 追溯批量过大

批量大的好处是生产效率高、前期追溯成本低,可一旦需要追查不良品或可疑品时,企业不得不投入大量成本来查找、遏制、处理和纠正,总成本又会很大。

2. 追溯批量过小

批量小的好处是后期追溯成本低,但前期成本高,这里的成本不仅包括直接成本,如登记《生产过程追踪卡》,还包括因FIFO而导致的过程效率低下。

3. 采用日期追溯

日期仅是追溯信息的一小部分而不是全部。对于低风险物料,如包材,采用日期追溯是可行的,但对于高风险物料,这是不能接受的。企业应根据风险等级高低和实际需要采用适合的追溯方式。

4. 采用采购订单号追溯

有些企业采用"采购订单号+到货日期"作为追溯依据,这是不妥的,因为订单号是采购单据,采购信息不能替代生产追溯信息,采购批量也不等于生产批量。

5. 未将批号录入信息系统

批号的作用是当发生异常时企业能够实现快速追查,为此,企业不仅要采用批号追溯,更要将它们录入信息系统(如WMS仓库管理系统),并随着实物流转而流转,这样才能实现事后的高效追溯。

6. 未按批号实施FIFO

FIFO与追溯密不可分,如果没有FIFO,一旦出现不良品或可疑品,追溯范围就难以界定。但现实中也会遇到二者冲突的问题,比如,返工产品无法与原批产品一同先进先出等。此时,应优先保证追溯的有效性,理由是FIFO的作用是为了实现追溯便利,它不应该反过来干扰追溯。

7. 追溯效率低下

效率就是成本,追溯效率低、管理成本高是困扰很多企业的难题,批量大小会影响效率,FIFO方式会影响效率,批号信息的制作、采集、存储和搜索也会影响效率。比如,有些企业采用激光打码,就方便了事后的信息采集;还有些企业采用条码扫描和WMS,方便了批号信息的录入和后续的存储与查找。总之,企业应该与时俱进,采用先进、适用的信息沟通技术及自动化方式,做到高效追溯。

**案例9-2** 采用收货日期替代批号不妥

### 1. 情况描述

C是一家轴承制造企业,由于供应商的追溯体系不完善,它采用"供应商代码+收货日期"作为供应商物料的追溯批号。

### 2. 产生的问题

这种做法产生了几个问题：（1）造成追溯信息链中断。追溯的目的是当出现质量异常时能够找出根源，如果采用"供应商代码+收货日期"作为批号，就无法直接准确地找到对应批次的物料，而要通过"供应商代码和收货日期"进行二次检索。可是，由于供应商内部没有清晰的批次信息，还是无法准确找到关键生产要素信息，造成追溯信息链的中断。（2）追溯效率低、差错多。在该模式下，库管员需要在报检单上填写"供应商代码+收货日期"，还要填写随货《生产过程追踪卡》并录入物料系统。当出现异常时，质量人员无法直接找出批次信息，而要通过"供应商代码+收货日期"，由计划部门找到供应商的送货信息，然后再让供应商找到相应的生产过程记录……整个过程繁琐低效。

### 3. 解决方法

问题的根源在于供应商的追溯体系不完善，正确的解法就是让供应商建立有效的追溯体系。如果没有有效的追溯体系，那无论怎样反复追溯，都只会增加成本，却不能解决问题。

## 三、质量追溯的有效实施

### 1. 追溯系统的逻辑

在一个生产过程中，质量追溯就是对关键工序及特性进行记录、保存和标识，以便事后追查。追溯的基本方式是"批追溯"，其中，"单件追溯"是"批追溯"的特殊形式。与追溯密不可分的是 FIFO，它的作用是缩小追溯范围，实现追溯高效。为此，追溯系统中除了记录批号，还需要记录发生时间。

### 2. 质量追溯的实践

在实践中，企业普遍采用《生产过程追踪卡》，从原材料上线前开始，将一份《生产过程追踪卡》放到流转物料的料箱上，并随着物料流转同步将关键工序和特性信息登记在该卡片上，如工序名称、物料、批号、质量状态、存在问题、操作者、检验者、时间等，《生产过程追踪卡》编号就是该生产批次的批号。

为保证生产高效，企业会根据最优生产批量设定《生产工单》的批量大小，该工单的物料由同一个《生产过程追踪卡》进行追溯，《生产工单》编号也是《生产过程追踪卡》卡号，也就是该批物料的共同追溯批号。

单件追溯是"批追溯"的特殊形式，可以借助特殊技术来实现，如在产品上制作二维码等。关于批号信息的采集和存储，可以借助扫描、ERP、MES、WMS 等先进的电子信息系统来实现。整个追溯系统的总体原则是以批追溯为主、以单件追溯为辅，既实现有效追溯，又保证运营高效。

## 小　结

　　质量就是符合标准，就是满足客户要求，就是实现客户满意，可靠的质量是实现企业卓越运营的基础。要做好质量管理，就要符合标准、全面高效、建立体系并且通过PDCA持续精进。其中，追溯是质量管理的一个重要工具和手段，目的是降低质量风险和损失。要做好追溯，需使用《生产过程追踪卡》，采用批追溯，结合FIFO，并利用先进的信息沟通技术和自动化方式。

　　质量管理的目的不是质量本身，而是实现企业整体运营绩效的提升，为此，不仅要做到质量可靠，更要做到质量管理的高效。质量的重要性不言而喻，但企业还是应该理性看待，质量不是一切，在做好产品质量的同时，企业还应该做好成本、交付和技术研发，不可顾此失彼，不可泛质量化。

1. 什么是质量及质量管理？
2. 如何做好质量管理？
3. 如何做好质量追溯？

# 第十章

# 执行层之沟通管理

信息沟通无处不在,它们发生于社会生产生活的方方面面。对于企业来说,信息沟通犹如人体的神经网络,只有永远保持敏感、通畅和高效,才能实现健康运营。本章主题是沟通管理,主要探讨企业运营及供应链中的信息沟通问题。

## 第一节 什么是沟通管理

### 一、沟通管理概述

这里的沟通是信息沟通(Information Communication)的简称,是指企业在经营过程中对信息的收集、编码、传递、接收、解码、应用和反馈等活动,其目的是实现信息交换、驱动资源的重置及助力供需匹配和价值交付。

沟通管理指在企业运营及供应链管理中为履行客户需求并实现卓越运营而对信息及信息交换过程进行的管控活动。

信息就是承载某种特定含义的资讯。它的形式是多种多样的,如常见的有文字、表格、声音,此外还包括肢体语言、空间语言、实物展示、光影、色彩、振动、看板、场景及温度、体积、强度等物理性能和化学成分等。

沟通就是为达成某种目的所进行的信息交换。它的形式也是多种多样的,常见的有面谈、电子邮件、信函、视频等。随着信息技术的发展和商业需要,新型的沟通工具和形式不断产生,如 ERP 系统、MES、EDI、自动驾驶等。在企业运营及供应链管理中,信息沟通活动是多维度和全方位的,它们的共同目的都是要助力于企业整体目标的达成。

沟通管理是执行层中九个模块之一,与其他模块相邻,它是企业运营中的一个重要职能,与其他职能密切协作,在整个企业运营和供应链中发挥重要的作用。

### 二、信息沟通的原理

一个最简单的沟通体系有两个主体,即发送者和接收者,整个信息传递的过程包含六个步骤,即收集、编码、传送、接收、解码和解析,与此同时,它还包含一个反馈过程(图10.1)。

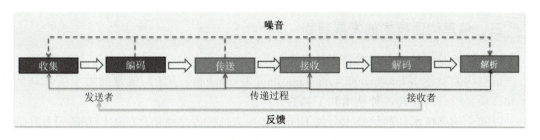

图 10.1　信息沟通原理

信息沟通过程是一个完整的系统，信息沟通效果常常受到多个方面的影响。

1. 沟通意愿影响沟通

如果某一方的沟通意愿非常弱，或者根本没有沟通意愿，那沟通效果是不会好的；与之相反，如果双方的沟通意愿非常强烈，即使存在很多困难，沟通效果也是可以预期的。

2. 信息收集能力影响沟通

假如信息收集的效率低，信息收集不完整、不准确，那么，信息沟通的效果也不会好。比如，很多仓库的出入库信息依然采用手工方式，导致效率低而差错高，如果改为条码扫描则会好得多。

3. 编码方式影响沟通

信息沟通中所采用的编码方式最好是通用的，这样更容易传递和解码，这也是为什么要建立各种编码标准，目的就是统一编码、便于沟通。

4. 传递方式影响沟通

如今人们很少写信了，原因是这种传递方式速度慢、交互性差，我们可以通过打电话、写邮件、发微信，或者召开网络视频会议的方式进行沟通，不仅快捷，而且沟通质量好。

5. 接收能力影响沟通

接收方式决定了接收能力，应该与传递方式保持匹配，否则就无法沟通。

6. 解码和解析能力影响沟通

接收不等于解码，还需要将信息转换成可读信息，这样的信息才有价值。

7. 反馈影响沟通

信息发送成功不等于接收成功，还需要得到反馈和确认。

8. 噪声影响沟通

人们很难在嘈杂的环境中交谈，那是因为存在噪声干扰，有时在一个团队中，有人经过深思熟虑提出了一个很好的建议，但却因为有人质疑而不被采纳，不是因为建议不好，而是因为噪声太大。

综上，影响信息沟通的因素有很多，要想实现成功的沟通，就要提高沟通意愿，选择合适的工具和方式，克服种种障碍，排除干扰。

### 三、信息沟通技术的发展历程

1. ICT 是信息技术与通信技术的融合

信息沟通技术（Information Communication Technology，ICT）就是助力于实现高效率和高质量信息沟通的各种技术和工具的总称。

以前，信息技术和通信技术分属不同范畴：信息技术是指信息的编码和解码及在通信载体的传输方式，通信技术是指信息传播。鉴于两者具有非常紧密的关系，合二为一更有利于它们的发展和应用，这就诞生了信息沟通技术。

2. ICT 发展经历四个阶段

（1）电话和电报成为信息载体，导致人类通信产生革命性变化。1844年，莫尔斯发明电报，1876年，贝尔取得电话发明专利，这些发明改变了人类的经济和社会生活。

（2）计算机技术和互联网技术实现商业化，导致近代通信技术向现代通信技术转变。1946年，世界上第一台通用电子计算机问世，从1950年开始进入主机时代，1980年进入小型机时代，1990年进入PC时代，直至1995年进入网络时代。

（3）计算机技术和通信技术让人类进入了ICT时代。ICT不仅包括信息和通信技术本身，还包括了消费电子、测量和控制仪器设备及电子元器件等产品、技术及其关联服务。

（4）ICT 成为 21 世纪社会发展和经济增长的最强动力之一。ICT 的开发、制造和服务迅猛发展，而且应用广泛，渗透到经济和社会各个领域。

## 案例 10-1  车间早会重点在于沟通

**1. 早会的形式**

几乎无一例外，优秀的生产团队都有现场早会制度，会议从开班开始持续10分钟左右，点名、检查绩效、分析问题、宣讲制定，日复一日。

**2. 早会的目的**

早会的作用到底是什么呢？有人说是解决生产问题，非也。早会是团队最基本的、正式的、定期沟通的活动，它的作用就是要实现团队及时而充分的沟通。早会地点选在工作现场，看板上会展示团队关键信息，如组织结构、人员能力矩阵图、工作计划、关键绩效指标和绩效表现、主要问题跟进状况。对于训练有素的团队来说，早会的日程和议题是固定的，包括由专人主持、全员参与、简短报告和讨论并达成共识等。

**3. 早会的意义**

《孙子兵法》云："治众如治寡，分数是也。"管理大团队的关键是实现有效的分层管理，而分层管理的关键就在于建立有效的沟通机制。大团队人数多、层级多、变数多，要想让大象跳舞，就要选用先进的沟通工具和形式，采用早会形式，结合现场信息看板，可以实现信息收集、问题记录、团队协作、找出解法、持续跟进、建立共识和形成互信等功能，这对于团队建设是非常重要的。除了基层早会之外，企业还会建立主管会、经理会、总经理会、董事会等一系列分层管理会议，从而实现全公司乃至全供应链的有效沟通。

## 第二节 企业信息沟通的特征及工具

### 一、企业信息沟通的特征

1. 有用的信息才需要管理

从理论上讲，信息是无处不在的，也是多种多样的，有目视化的和非目视化的，有数字化的和非数字化的，有内部的和外部的，有局部的和整体的，有客户端的和供应端的。然而，企业经营是有目的性的，所有不能服务于企业经营目标的信息都是没有意义的，也就不需要特别管理。

2. 信息沟通影响企业效益

无论是企业内部，还是由企业组成的供应链，都需要实现连接，都需要进行信息沟通。企业运营的核心是业务履行，而直接驱动业务履行的是信息指令，因此，信息质量影响驱动力，沟通方式也影响驱动力，信息沟通的技术、模式及它们在整个组织和供应链运营中的应用能力始终影响着企业效益。为此，卓越的企业不仅会持续提升信息沟通技术，还会根据环境变化持续完善企业的信息沟通模式和系统。

3. 信息沟通的核心是业务履行

每一个企业都是一个多维度的信息沟通系统，它涉及多种沟通主体，比如，人与人沟通、人与机器沟通、部门与部门沟通、内部与外部沟通；它还会运用多种信息沟通工具和方式，比如，日常办公软件、专业管理软件、面谈会议等。但整个企业运营及供应链管理的核心和主线是业务履行，也就是从客户端经本企业到供应端的整个业务开发和订单履行过程，其中 ERP 系统是生产型企业应该配备的信息平台，它的主要功能就是助力企业履行业务。与此同时，它还需要构建企业基础档案、储存和处理运营数据，并且要与其他信息沟通工具进行集成，提升信息沟通的效率和功能。除了业务履行的信息之外，企业还需拥有其他信息沟通工具，比如运营执行、日常办公、专业信息处理等，它们也都是非常必要的。

4. 信息沟通是全员的、全方位的

每一个企业都由人组成，有人的地方就需要信息沟通；每一个企业都由资源组成，只要调动和管理资源（如厂房和货物等）就需要信息沟通；每一个企业都是供应链上的一个主体，它都需要与客户和供应商进行信息沟通；每一个企业都存在多种信息、媒介、工具和方式，它都需要构建自己的信息沟通系统。由此看到，企业信息沟通系统一定是包括全体员工的、囊括全部业务的和连接所有相关方的。全方位就是利用多种方式、工具和媒介覆盖企业运营的各个方面。

5. 信息流与实物流、资金流密不可分

信息流就是信息沟通，它不仅包括客户端和供应端的信息沟通，还包括物流过程中的各种信息沟通，如主生产计划、生产计划、物料计划、物料交易、库存数据及各层级的会议和报表等。资金流就是与物流方向相反、由客户端向供应端支付货款的活动，这也是供应链及企业经营的目的所在。信息流决定实物流，实物流又产生信息流。由此可见，实物流、信息流和资金流三者相辅相成、密不可分，也因此称之为三流合一。

6. 信息沟通是全面运营模型中的一个模块

沟通管理是执行体系中九个模块之一，它贯穿于企业内部及从供应端到客户端的整个供应链过程。企业的不同职能需要相互协作，同一供应链中的不同企业也需要相互协同，做好信息沟通是必须的。在模型中特别设置了这个模块，其目的就是要清晰地诠释企业运营及供应链管理需要如何进行信息沟通。

## 案例 10-2　参观施耐德智能工厂有感

### 1. 背景介绍

因工作安排，2018 年我有幸参观了施耐德某智能工厂，公司安排专人接待和详细介绍，让我对数字化智能工厂有了很多感悟。

### 2. 现场描述

这是一个颇具规模的生产型工厂，产品为高端电器元件，核心工艺是组装。一辆辆 AGV 将零部件从仓库运到线边仓库或机台，员工通过操作显示器来调配物料、通过操作机台按钮完成加工，然后 AGV 又将产成品和空料盒运走，整个过程只有机台操作工参与，其他都是由自动化的加工设备和物流系统来完成。参观者只会看到 AGV 走来走去，各种信号灯一闪一闪，还会听到"嘀嘀嘀"的声音提示……管控整个现场运作的不是人，而是一个"系统"，它设定了工艺路线、物料清单、物流线路及各种逻辑关系，信息显示屏和管理看板上可以看到各种绩效表现，如进度、产量、能耗、效率等。

### 3. 亮点与感悟

该工厂的自动化、数字化和智能化的水平之高，让参观者钦佩，它不仅实现了机器人代替人，降低了人员投入，而且实现了精细化管理，质量稳定。随着我国人工成本的不断上升，这样的改变是一种必然的选择。从中我得出了这样的感悟：（1）智能工厂依然需要人的参与，如机台操作、物料调配、系统构建、设备维护等，智能工厂依然是人机结合，只是减少了人员；（2）智能化需要规模，施耐德是电器电子行业的龙头，它在某些产品品类上拥有巨大的规模优势，没有规模就无法支撑它的投资回报；（3）智能工厂是应对人工成本上升的重要方法，人工成本的不断上升让制造业举步维艰，解决方法之一就是机器人代替人，它的核心逻辑还是投入产出比。

每一个企业都是一个小社会，几乎所有的公共信息沟通工具都会为企业所用。与此同时，企业又不同于公共社会，它是特定资源的整合体，它需要独立经营、自成体系并围绕业务履行的主线进行运转，它的信息沟通技术与工具具有商业企业所独有的特征，下面分类进行介绍。

## 二、企业信息沟通的工具

### (一) 业务履行的信息沟通工具

ERP 系统是最典型的用于业务履行的信息沟通工具。

ERP 是从 MRP（物料需求计划）和 MRP II（制造资源计划）发展而来的制造业系统和资源计划软件。它是一个企业数据管理系统，更是一个全方位的工作平台，主要模块有客户需求管理、计划管理、生产管理、采购管理、存货管理、发货管理和财务管理及各种基础档案和数据，有些企业的 ERP 系统还包括了质量管理、人力资源管理等辅助模块。ERP 是一种主要面向制造业，集业务、信息、资金为一体的企业信息管理系统，已经成为很多企业的必备工具。

### (二) 专项管理的信息沟通工具

1. MRP（物料需求计划）

MRP 指根据产品结构中各层次物品的从属和数量关系，以每个物品为计划对象，以完工日期为时间基准，倒排计划，按提前期长短来区别各个物品下达计划时间的先后顺序，是一种生产型企业进行物料需求计算的方式。换一种说法，MRP 是根据市场需求预测及顾客订单制订的产品生产和物料计划，它是一种基于生产进度，结合产品的材料结构表和库存状况，来计算所需物料的需求量和需求时间，从而确定材料的加工进度和订货日程的实用技术。有些企业会将 MRP 运算置入 ERP 系统中，有些企业则利用 Excel 进行 MRP 运算。

2. WMS（仓储管理系统）

如今的仓库作业已经越来越复杂，仅靠人工记忆和手工录入，不但费时费力，而且容易出错，给企业带来巨大损失。WMS 是基于仓库作业流的一套仓储管理系统，它已经成为很多企业 ERP 的一个子系统。直接内置于 ERP 系统之中，有些企业则单独配置一个完整的仓库管理系统。

3. TMS（运输管理系统）

TMS 是一种基于网络、流程和数据的运输操作系统，其中包含多个功能模块和业务单元，如管理装运单位、制订发货计划、管理运输模型、核查基准费用、维护运输数据、生成提单、优化运输计划、选择承运人及服务方式、审计和支付货运账单、处理货损索赔、安排劳力和场所，以及调度管理、车辆管理、配件管理、油耗管理、费用结算、人员管理、资源管理、财务核算、绩效考核、车辆跟踪、业务跟踪、业务统计、白卡管理、监控中心系统、账单查询等。它能通过多种方法和其他相关的操作结合起来，提高物流的管理能力及效率。

4. CRM（客户关系管理）

CRM 是专门用于企业对市场开发和客户管理的专业软件，这里不作赘述。

5. SRM（供应商关系管理）

SRM 与 CRM 类似，是用于供应商开发与管理的专业软件。

6. EDI（电子数据交换）

EDI 又称"电子数据交换"，它将标准的经济信息通过通信网络传输在贸易伙伴的电子计算机系统之间进行数据交换和自动处理。EDI 不是用户之间简单的数据交换，而是需要按照国际通用的信息格式发送和接收信息，它是计算机之间的电子信息传递，而且使用某种商定的标准，整个过程都是自动完成的。越来越多的企业使用 EDI 接收客户需求和向供应商发送订单及预测需求。

7. ASN（预先发货清单）

ASN 就是发货人在发货时利用电子通信网络先期向收货方传送的货物明细清单。从而使收货方能够事前做好货物接收准备，同时可以省去货物数据的输入作业，提高收货和来料检验的作业效率。收货方也可以凭借此清单核对订单交货数量、剩余数量等，及时更正数量上的错误。

8. Bar code 条码技术

Bar code 条码技术是在计算机的应用实践中产生和发展起来的一种自动识别技术，实现了快速、准确而可靠地采集数据，为物流管理提供了有力的技术支持。条码技术主要优点有：（1）信息采集速度快。与键盘输入相比，条码输入的速度是键盘输入的 5 倍，并且能实现即时输入。（2）可靠性高。键盘输入数据的出错率为三百分之一，而采用条码技术误码率低于百万分之一。（3）采集信息量大。利用传统的一维条形码一次可采集几十位字符的信息，二维条形码更可以携带数千个字符的信息。（4）灵活、实用、设备简单。条码识别设备结构简单，操作容易，不需专门训练。（5）易于制作。条码标签易于制作，对印刷设备和材料无特殊要求。

（三）生产执行的信息沟通工具

1. MES（制造执行系统）

MES 是一套面向制造企业中车间执行层的生产信息化管理系统，它包括制造数据管理、生产排程管理、生产调度管理、质量管理、工作中心/设备管理、工具工装管理等模块，它为企业打造了一个扎实、可靠、全面、可行的制造协同管理平台（图 10.2）。

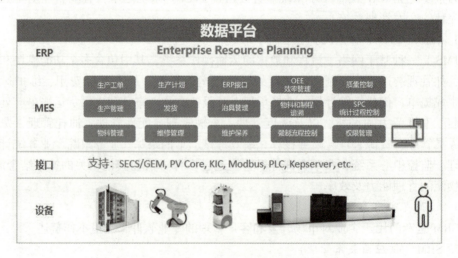

图 10.2 企业数据结构

2. 智能化自控设备

随着 5G、移动、数字化和 AI 技术的不断发展，越来越多的设备会附带信息沟通的功能，实现了自动控制和智能化，这些设备称之为智能化自控设备，它们同时也被视为一种信息沟通工具。

3. AGV（自动导引运输车）

AGV 是指装备有电磁或光学等自动导引装置，能够沿规定的导引路径行驶，具有安全保护及各种移载功能的运输车。它是工业应用中不需驾驶员的搬运车，以可充电之蓄电池为其动力来源，通过电脑程序来控制其行进路线及行为。

4. 工业机器人

工业机器人能够利用复杂的程序控制，让机器代替操作工来完成抓取、搬运、移动等作业。这里不作赘述。

(四) 日常办公的信息沟通工具

1. 面谈和会议

面谈和会议都是非常重要、且不可替代的信息沟通方式，其中会议沟通更加重要和特别，它一般分为班组晨会、主管会、经理会、管理层会、董事会等，会议议题主要有安全状况、工作计划、绩效表现、存在问题、改进措施、未来规划、战略方向。为便于沟通，会议现场设有信息看板或电子屏幕。绝大部分面谈和会议都采用面对面形式，特殊状况可以借助远程会议软件进行。

2. MS-office（微软办公软件）

MS-office 是由美国微软公司开发的一套基于 Windows 操作系统的办公软件套装，常用组件有 Word、Excel、PowerPoint 等，国产软件中与之类似的有 WPS 等。其中，Word 主要用于处理文字，Excel 用于处理表格，PowerPoint 用于演示文稿。这里要着重提到 Excel，它的功能极为强大，尤其是它可以使用多种内置函数，被广泛用于数据处理、计划制订及项目管理中。

3. E-mail（电子邮件）

E-mail 是指用电子手段传送信件、单据、资料等信息的通信方式。通过使用电子邮件系统，用户可以低廉、快速地与世界上任何一个角落的网络用户联系。电子邮件不仅可以传递文字信息，还可以传递图像、声音等多种格式的信息，最大限度地便利了人与人之间的沟通与交流，在企业经营中被广泛使用。

4. Internet 万维网

Internet 万维网是一种常用的公共信息沟通工具，是存储在 Internet 计算机中的数量巨大的文档集合，这些文档被称为页面，它是一种超文本信息，可以用于描述超媒体。

5. Intranet 局域网

Intranet 局域网是企业内部的、在有限空间建设的区域网络系统，覆盖范围一般是几千米之内，具备安装便捷、成本低、扩展方便等特点，在办公区域被广泛运用。局域网可以实现文件共享、应用软件共享、打印机共享等功能，在使用过程中，通过维护局域网网络安全，能够有效地保证资料安全，保证网络正常稳定的运行。

6. Portal 企业门户

Portal 企业门户是一个连接企业内部和外部的网站，可以为企业提供单一的信息访问入口，企业的员工、客户、合作伙伴和供应商等都可以通过这个门户获得个性化的信息和服务。企业门户可以无缝地集成企业的内容、业务和平台评论。

7. APP 手机软件

随着智能手机的普及，人们在生活与办公中越来越多地使用私人手机，而 APP 就是一种安装在智能手机上的软件，它能够弥补原始系统的不足，为用户提供更丰富的使用体验。常用的 APP 越来越多，比如，微信是一款在中国乃至世界广为使用的网络聊天软件，很多企业已经将其纳入了企业的日常沟通之中，它具有便利、快捷、低成本等诸多优点。

### （五）现场目视化的信息沟通工具

1. 管理看板

管理看板是可视化的一种表现形式，即可以一目了然地展现数据、情报等信息，利用多种目视形式（如标语、现况板、图表、电子屏等），把文件内、脑海中或现场中隐藏的情报公示出来，以便其他人都可以及时获取，从而快速制定并实施应对措施。管理看板是现场管理的重要组成部分，也是发现问题和解决问题的有效手段。管理看板的形式可以是手工绘制，也可以是电子屏幕。其形式一般又分为公司管理看板、部门管理看板和班组管理看板三级，内容包括组织结构图、人员能力矩阵图、区域布局图、5S 点检表、关键绩效表现、出勤情况等。

2. 5S

5S 是一套行之有效的现场管理工具，从信息沟通角度看，它又是一种目视化的实物语言和管理规则，对于提升运营效率、保证安全。生产都是非常有用的。

3. 按灯系统

按灯系统是一种企业用分布于车间各处的灯光和声音报警系统来收集生产线上有关设备和质量等信息的管理工具。它起源于日本丰田汽车公司，主要用于实现车间现场的目视管理。在一个按灯系统中，每个设备或工作站都配有呼叫灯，如果生产过程中发现问题，操作员（或设备自己）会将灯打开从而引起注意，使得生产过程中的问题得到及时预警及处理，避免生产过程的中断。

## 第三节　如何实现卓越的企业信息沟通

### 一、企业信息沟通问题解析

信息沟通问题普遍存在，可以归纳为无、乱、散、断、慢、站、单和片等。以下具体解读。

1. 无——信息不充足

管理就是对人和物的调动。指令传递的载体是信息，如果缺少了必要的信息，无论管理者多么优秀，无论企业资源多么雄厚，都无法实现有效的管理，也就无法实现企业的卓越。近年来，很多传统企业曾经风光无限，但在市场经济大潮中却逐渐走向衰落，原因之一就是管理粗放且盲目，企业信息处理能力差，缺少有效信息。如今，大家对这些方面已经非常重视了，但仍然会看到，那些信息化程度低的企业，它们的管理效率还是低下的。

2. 乱——信息不规范

只有标准化、规范化和数字化的信息才能被有效使用，否则，管理者靠拍脑门、主观臆断，必然导致管理粗放、协同不足。标准化是企业化繁为简，实现规模效益的必然选择，标准化之后还需要规范化和数字化，才能让信息发挥最大的效用。

3. 散——信息不集成

绝大多数情况下，企业经营决策的依据不是单一信息、分散信息，而是多项集成的信息。比如，计划体系包括主计划、生产计划和物料计划，只有三个计划的紧密衔接、彼此协同，才能做到既满足客户需求，又保持合理库存和成本。然而，在有些企业中，这三个计划的集成性和一致性不佳，物料编码、计划周期、工具格式、更新频率、数据结构等各不相同，造成的结果便是高库存、高成本和低交付率。信息不集成的原因往往不仅在于信息沟通工具落后，还可能是组织分工不合理、工作流程不合理，企业需要综合考虑和系统解决。

4. 断——信息不连接

供应链也是信息链，如果不同主体的信息无法联通和共享，沟通也是不可能顺畅的。有人说，永远叫不醒装睡的人，这是因为沟通意愿有问题，供应链的上下游企业之间、企业中的不同部门之间不应该存在高高的隔墙，那会造成整体利益的损失。改变"断"的现象，首先要解决意愿问题，然后还要解决技术和方法问题。

5. 慢——信息传递不快

"天下武功，唯快不破"。速度是信息沟通中至关重要的维度。怎样才能快呢？手工不如自动，半自动不如全自动。改变速度的核心是ICT技术，比如，EDI可以快速传递客户需求，条码扫描可以快速获取货物信息。这样的技术不胜枚举，而且以后还会越来越多。

6. 站——信息不流动

当前，移动办公、分散办公越来越普遍，信息沟通也需要移动，并且要在移动中实现协同互联。实物的流动可以降低库存、提高效率，信息的流动也有助于提高沟通效率，与实物流同步匹配，为此，移动是现代信息沟通技术中一个重要特征。

7. 单——信息不丰富

信息是多样的，沟通形式是多样的，信息沟通技术和形式也应该是丰富而不是单一的。比如，企业除了拥有先进的 ERP 系统，还应该用好管理看板、分层会议、电子邮件、Excel 等各种工具，每一个企业都应从实际出发，运用多种技术、采用多种形式，最大限度地实现高效沟通。

8. 片——信息不全面

片面强调信息沟通技术是不对的，因为它会忽略其他因素，比如，组织结构、流程设计、奖惩机制、领导风格、企业文化、企业战略等，所以，要全面、全方位地构建本企业的信息沟通系统。

### 案例 10-3 信息系统助力快速开发与交付

**1. 背景**

案例 8-3 介绍了 KAF 如何用 70 天完成 200 种紧固件的开发和交付,能够在如此短的时间里完成这项任务,KAF 卓绝的信息系统做出了重要贡献。

**2. 解决过程和结果**

利用全球共享的现有产品数据库,根据客户样车的设计,选择适合的产品型号,即将复杂的开发过程转变为选择过程;利用全球共享的 ERP 系统,查询集团在全球各工厂的库存,即集成互联分散的信息工具助力供应链的计划和决策;利用顶级快递公司和企业的专业能力,从全球各地调运货物到苏州,经工厂检验和包装后快速交付给客户,即做到实物流的运作快速而可靠。KAF 仅用了 70 天,圆满完成了此次订单,企业不仅获得很好的效益,还赢得了客户的高度满意和认可。

**3. 成功的因素分析**

除了 KAF 设计开发、全球物流和团队协作等能力之外,它的卓越信息沟通系统起到了关键作用,这就是基于 B/S 模式的产品数据库。它与 ERP 系统互通,只需根据客户技术要求和数量与现有库存进行比对和选择,就可以完成"开发"和"寻源",功能之强大,速度之迅捷,完全颠覆了传统模式。可以看到,卓越的信息沟通系统已经成为 KAF 的核心竞争力之一。

## 二、实现卓越信息沟通的关键要素

评估一家企业的信息沟通是否卓越需要从多个方面来考虑。首先是战略方针,战略指导行动,如果没有明确的战略方针,或者战略方针中没有明确对快速、移动、互联和价值的追求,它的信息沟通就不会持续卓越。其次是核心工具及专业工具的运用,企业运营的核心是业务履行,对应的典型信息沟通工具是 ERP 系统,除此之外,对于其他职能来说(如工程设计、物流管理、日常办公等),也需要运用先进适用的工具,如 CAD、CATIA、WMS、E-mail 等。最后是组织分工、流程规则和方式选择,信息沟通不仅是一个技术问题,更是企业管理模式问题。为了便于评价实施,这里按照企业的职能分工设定了评价要素,具体介绍如下。

**1. 信息沟通方针**

企业应遵循价值原则,建立全公司及全供应链的信息沟通方针,明确企业信息沟通的系统、结构、工具、方式、原则和文化,倡导数据化、标准化、互联化、集成化和高效率,尤其重视人与人的沟通和时间管理。

**2. 计划信息沟通**

企业须拥有完善的订单履行计划体系,即 ERP,它应配置完善的设计档案、客户端档案和供应端档案及各关键模块(如销售、计划、生产、采购、仓储、财务等),并根据业务复杂度选择适合的模式与配套工具,倡导集成性和互通性。

3. 物流信息沟通

企业须根据客户及企业运营需要，采用 WMS、Bar code、ASN 等信息通信工具，并与其他职能互联互通。

4. 生产信息沟通

企业须根据运营需要，遵循标准化、数字化、自动化、智能化和系统化原则，采用制造执行体系及相关工具和方式（如 MES、信息看板、Bar code、按灯系统、生产报工、5S 目视化、分层会议等），实现高效处理、互联和沟通。

5. 客户端信息沟通

企业须根据客户及业务需要，采用 EDI、ASN、E-mail 等工具，与 ERP 集成，实现高效信息沟通。

6. 供应端信息沟通

与客户端信息沟通类似，企业也须根据供应商及业务需要，采用 EDI、ASN、E-mail 等工具，并与 ERP 集成，实现高效信息沟通。

7. 设计信息沟通

企业须根据业务需要，采用先进适用的设计开发软件和信息技术，如 CAD、CATIA、Portal 等，实现高效的设计开发和应用。

8. 办公信息沟通

企业须根据办公需要，采用先进适用的办公软件、技术和信息沟通方式，如 MS-office、E-mail、Intranet、Portal、OA、面谈、会议、看板等，实现全员、全公司和全供应链的高效沟通。

9. ICT 问题解决

企业须根据企业需要，建立快速的问题处理机制，如远程化、分散化、专业化等，及时解决各类 ICT 问题。

10. 信息安全管理

企业须具有完善的信息安全管理机制，如防火墙、备份系统等。一旦运行系统出现问题，可以实现快速恢复。

## 小　结

企业是资源的整合体，供应链是不同主体的结合，无论是企业运营还是供应链管理都离不开连接，离不开信息沟通。市场经济是交换经济，交换无处不在，价值决定成败，而价值的创造和传递也都离不开信息沟通。其中，信息是基础，沟通是手段，ICT 是工具，业务履行是核心，而创造价值是目的。供应链的本质就是协同联动、共赢我赢，信息沟通如同人体的神经网络，它是实现协同联动的载体。随着客户需求越来越走向小批量、多品种和多频次，信息沟通变得更加重要。

随着全球化的不断演进及信息沟通技术的发展，企业的组织形态、信息形态和沟通方式也在不断变革。5G 提高了移动互联的速度，云计算提高了数据处理的能力，数字化、智能化提高了自动化的能力，让分散办公、移动互联、集成协同、大数据处理、远程遥控、黑灯工厂成为可能。我们应该积极拥抱变革，与时俱进，它们必将为企业发展和社会进步提供动力。

### 思考题

1. 什么是信息沟通？
2. 简述企业信息沟通系统的架构。
3. 如何评价一个企业的信息沟通是否卓越？

# 第十一章 执行层之资金管理

企业是资源的整合体，资金是企业资源中的一类。企业的运转离不开资金，企业间的业务交易也离不开资金。本章讨论的主题就是资金管理。

## 第一节 什么是资金管理

### 一、资金管理概述

这里所说的资金是指企业经营中存在的各种可支配的财物资源，包括现金、现金等价物、存货和资产等。资金管理是指在企业运营及供应链流转中所发生的与实物流相伴相生的与资金有关的活动和过程，包括交易登记、资金收付、成本核算等。

资金管理是全面运营模型执行层中的第九个模块，也是最后一个模块，这既表明该模块居于辅助地位，又表明它也是不可或缺的。企业经营的直接目的就是盈利，而货币计量是体现经营成果最重要的方式，资金就是以货币形式计量的资产，资金管理就是以货币形式对实物流过程中的属性变化进行记录和管控的活动，它与整个运营活动密不可分。

资金管理与财务管理不同。财务管理是在一定的整体目标下，关于资产的购置、资本的融通和经营中现金流量及利润分配的管理。财务管理是企业管理的一个组成部分，它是根据财经法规制度，按照财务管理的原则，组织企业财务活动，处理财务关系的一项经济管理工作。而资金管理的重点在于有效管理与实物流相伴而生的业务交易，与财务管理存在交集，但不包括财务管理中所涉及的投资、筹资和利润分配等活动。

### 二、资金管理的价值

1. 资金是企业及供应链的血液

企业经营的直接目的就是盈利，就是赚钱，而资金对于企业及供应链来说，就如同人体的血液，没有资金，企业就会倒闭，供应链就会中断，健康的资金流是保证企业及供应链持续运转的基础。

2. 资金流是供应链中的三流之一

供应链是实物流、信息流和资金流的整合体，如果用人体做类比，实物流就是食物消化及能量的转换过程，信息流就是神经网络的传输过程，而资金流就是人体的血液循环过程，这三个过程缺一不可，其中血液循环系统的作用就是维持生命，这便是资金管理在企业运营及供应链中的地位。

3. 准确记录交易是良性运营的必要条件

每一次的实物流动都伴随着一次交易，都意味着实物属性发生变动。比如，实物从地点 A 转移到地点 B 就是位置发生变更，实物从供应商处交付到客户手中就是所属权发生变更，实物从良品变为不良品就是价值发生变更。企业的成本核算、应付款和应收款的计量都以交易记录为依据，所以，准确记录交易活动是资金管理的基础，也是企业良性运营的必要条件。

4. 资金流转是供应链存续的基础

每一次完成客户交付就会产生一笔应收款，每一次接收供应商货物就会产生一笔应付款，随着实物从供应端流向客户端，资金就会反向从客户端流向供应端，这是供应链运行的基本形态。如果资金流转停滞，供应链就会停滞，只有资金正常流转，供应链才会延续。

5. 成本计量是企业利润核算的基础

利润等于售价减去成本，没有准确的成本核算就无法计算企业的盈亏。对于生产型企业来说，成本的基本构成就是料工费。无论是物料耗用、人工投入，还是费用分摊，都意味着企业资产形式发生变化，都需要准确记录与核算，这也是资金管理工作的范畴。

## 第二节　资金管理的内容

资金管理主要包括三部分内容，即交易登记、成本核算和现金流管理。

### 一、交易登记

1. 与传统财务记账的区别

财务记账就是把一个企事业单位发生的所有经济业务运用一定的记账方法在账簿上进行记录，它是指根据审核无误的原始凭证及记账凭证，按照国家统一会计制度规定的会计科目，运用复式记账法对经济业务及时、分类地登记到账簿中去。登记账簿是会计核算工作的主要环节。

这里的交易登记就是对伴随实物流转所发生的各个交易活动进行记录。比如，ERP 系统中设置了若干工作中心，与之对应地设置了若干成本中心。所有实物流动都会产生一个电子单据，内容包含物料种类、流动时点、地点、性质、成本中心代码等，它们是成本核算及权益界定的基本数据，单据的产生及信息的处理就是交易登记（图 11.1）。

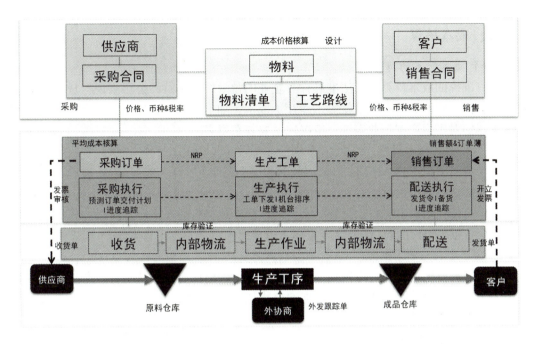

图 11.1　企业运营体系中的交易

2. 仓库收货时的交易登记

当仓库收到供应商的送货时，库管员会依据系统内的采购订单（PO）来核对送货单，确认无误后进行验货收货。完成收货后在系统中进行确认，系统会自动生成一份收货单（Goods Receipt）。

当供应商提交收款发票（invoice）时，财务人员会将其与系统中的收货单进行核对（Invoice Audit），确认无误后在系统中签核发票，系统就会自动生成应付账款（AP）。之后，财务人员会根据合同约定的付款条件履行付款义务。

3. 仓库发货的交易登记

当仓库完成一笔客户发货时，库管员会在系统中确认发货完成，系统会自动生成一份发货单（Delivery Note）。除非另有规定，财务人员会依据发货单定期向客户开立收款发票，与此同时，系统中会自动生产应收账款（AR）。

在客户一端，当客户收到供应商发票后，会核对收货记录，核对供应商发票，确认无误后，系统会自动生成应付账款（AP）。

4. 内部实物流转的交易登记

工厂内的实物会依据生产工单（WO）持续从原材料仓库流向生产线，生产完工后，产成品转入成品仓库。在整个过程中，每流经一个关键节点就会产生一次"交易"，并通过系统中的移库、报工、报废等方式记录在系统中。相应地，生产线上的每道工序就会依据这些记录来核算每份工单的成本。简而言之，实物流转产生"交易"，每次"交易"都被记录在系统中。必要时，还需要定期对存货数量进行验证（Stock Validation），所有这些记录会成为成本核算的依据，这就是厂内实物流转的交易过程。

## 二、成本核算

### (一) 成本核算的难点

没有准确的成本核算就无法准确计算企业的盈亏。对于贸易公司来说，成本核算比较简单，商品的采购成本几乎就等于净存货成本，加上企业的管理成本后就是它的全部成本了，而对于生产型企业来说，情况比这要复杂得多。

**1. 直接材料耗用问题**

如果物料清单（BOM）不准确，材料耗用很难准确核算。即使 BOM 准确，但生产现场的实际材料耗用也可能与额定参数不一致，这是因为现场状况会发生变化，比如，返工工单可能耗用更多材料，设备状态不同也会导致材料损耗不同。所以，核算成本时不能完全依据 BOM 用量，还要结合实际工单情况。

**2. 生产线物料领用问题**

生产线需要根据工单进行领料和退料，有时候会出现物料不良或者生产返工，同时又因为生产任务紧急而未能及时处置这部分物料，就会导致物料库存不准和工单状态错误，进而导致成本错误。

**3. 物料费用分摊问题**

存货成本包括采购成本、加工成本和其他成本，其中采购成本又包括购买价格、相关税费、运输费、装卸费、保险费等。实际上，将这些费用分摊到物料上并不容易，原因有多种，其中就包括部分费用的记账时间存在滞后性。比如，一笔国际海运费用可能涉及多种物料，难以准确分摊。

**4. 固定资产摊销问题**

生产设备等固定资产投入需要分配到各个产成品成本中，但由于生产批量大小不一、折旧时间长短不同，也很难准确分摊。

**5. 人工成本摊销问题**

人工成本又分为直接人工成本和间接人工成本，其中，如果选择计时工资制，人工成本就很难与产成品成本进行匹配；而间接人工成本（如物流人员、后勤人员、管理人员等）都是采用批量处理的方式，更难以分摊。

**6. 辅料等摊销问题**

辅料及水、电、气等杂项费用都不是按 BOM 分摊的，在时间上、批量上也很难与产成品匹配，更是难以准确地分摊。

### (二) 成本核算的原则和方法

**1. ABC 成本法**

ABC（Activity-Based Costing）成本法又称作业成本分析法，其指导思想是"成本对象消耗作业，作业消耗资源"。作业是成本计算的核心和基本对象，产品成本就是全部作业成本的总和，是实际耗用企业资源成本的终结。这是一个非常有效的成本核算方法，受到了广泛赞誉。

**2. 料工费成本法**

料是指原材料，工是指人工，费是指其他费用，料工费就是完成一个产品所需的全部材料费用、人工费用和其他费用的总和。成本核算就是要计量目标产品所耗用的原材料和人工的投入量,同时再合理分摊相应的费用,从而得到该产品的总成本。

3. 权责发生制

与权责发生制相对应的核算原则是收付实现制。权责发生制是以权利和责任的发生时点来决定收入和费用归属期的一项原则,而收付实现制是按照是否在本期实际收到或付出为标准确定本期收益和费用。收付实现制的优点是处理手续简便,缺点是不科学,对盈亏计算不准确。由于企业经营中常常存在发票延迟或项目周期过长等情况,收付实现制难以做到记账准确或者费用分摊合理,所以,成本核算应遵循权责发生制,当事后发现实际费用与账务存在偏差时,再进行账务调整即可。

4. 标准成本法

前三个方法看似清晰,但由于实际情况千差万别,企业很难实现既准确又高效地核算成本,为此,有些会建立标准成本结构及定额,并定期更新或调整。这也是一个非常有效的工作方法,举例如下。

(1)标准化的物料、BOM 和工艺路线参数。它们是生产型企业的主要工程技术参数,其中,物料是指企业生产经营中涉及的所有原材料、零部件、半成品、成品、辅料等。每一个物料都应该设置唯一的物料编码,避免重复。BOM 定义了产品结构,即一个产品由哪些物料、按照怎样的结构组成。工艺路线就是表示产品在一个加工路线下及各个工序中的标准工时。这些参数需要准确、完整并数字化。

(2)标准化的存货成本、人工成本或工时费。它是指企业根据历史记录和专业判断建立的一系列成本预估,如存货成本、人工成本、设备工时费用等。采购价格不等于成本价格,采购价格是指采购合同中约定的价格,而成本价格还要考虑币种、交付条件、进口关税等条件,将其换算为本币价格,再加上运费和关税等额外费用。存货成本不仅要基于成本价格,还要考虑因品质、储存时间和客户需求取消而造成的价值调整。人工成本分为直接成本和间接成本,需要建立标准工时。不同设备的购买成本不同、工作节拍不同,也需要将其分摊并建立标准工时费用。

## 案例 11-1 设定标准生产工单量好处多

**1. 生产成本核算的难点**

生产型企业的成本核算并不容易,原因很多,比如,直接材料耗用难以精确计算,生产线物料管理难以清晰展现,固定资产、人工成本和辅料等难以准确计量和摊销。

**2. 企业背景**

ND 是一家汽车紧固件生产企业,工厂在苏州,总部在欧洲。主要生产工艺是冷镦和搓丝,原材料为拉丝后的线材。在生产成本核算问题上,ND 设定标准的生产工单批量。

**3. 工单管理步骤**

(1)计划员根据主计划和生产计划,制定和下达生产工单。

(2)企业制定了标准的生产工单批量。

（3）标准生产工单批量的考虑因素有：① 客户需求量；② 单卷线材产出量；③ 单班产量；④ 包装箱标准装载量；⑤ FIFO 和追溯成本（如果批量太大会造成 FIFO 和追溯成本过大）。其中，对于一次性客户订单，工单量应等于客户需求量；对于长期量产客户订单，且产品为小螺母或螺丝，工单量应等于一个整卷线材的产出量；对于长期量产客户订单，且产品为大螺母或螺栓，工单量应大于或等于一个整卷线材的产出量，但小于两卷线材的产出量。

（4）工单流转过程：① 每一个生产工单都有一个生产工艺追踪卡，工单号与生产追溯批号相同；② 生产团队依据工单领料，工单与实物相随；③ 从生产线上料点开始，每流经一个工序，操作员就会在电子终端上进行报工，登记该工单项下的原材料耗用、良品产出量、报废数量等，直至该工单完工入库。

### 4. 标准生产工单量的好处

基于标准 BOM、工艺路线、物料成本和人工成本及杂费，企业可以快速、准确地计量每个标准工单的生产成本。这样既能满足客户需求，又能实现企业运营高效。

特殊工单可特殊处理，不影响企业的主流成本核算。此外，同步实现高效、精准的过程追溯，降低了 FIFO 和追溯成本。

### 5. 点评

对于不同企业、不同工艺来说，除非是项目型模型，设定标准工单量是一个不错的方法；否则，无论是原材料领用，还是成本核损都存在难度；而且，工单号又被用作追溯批号，解决了 FIFO 和追溯成本问题。实践中，很多企业也都是按照这个思路来做的。

## 三、现金流管理

很多案例告诉我们，企业倒闭的直接原因不是亏损而是现金流中断，也就是没钱了。尽管有些企业的技术先进、市场很好、利润率也高，但是，如果不能维持现金流为正，企业就会倒闭，那是因为员工需要工资，供应商需要货款，企业需要支付现金。

改善现金流的方法介绍如下。

### 1. 延长供应商付款周期

如果将供应商的付款周期从 30 天延长到 60 天，就意味着企业可以让这笔资金在企业账上多停留 30 天，期间，企业可以借此来应对其他应付款项，因此，从资金流的角度看，企业获得了额外 30 天的资金使用权，改善了企业现金流。从供应商角度看，它的利益恰恰相反，额外增加 30 天的收款时间，增加了资金成本。如果供应商因此能获得更多订单或利润，就可以弥补这笔损失；如果不能，供应商的利益就会受损。因此，从成本角度看，延长供应商付款周期就是增加供应商的资金成本。

### 2. 缩短客户付款周期

它与延长供应商付款周期的方法正好相反，通过缩短客户付款周期来改善企业现金流，是否可行更多取决于企业在客户心中的地位。

### 3. 购买变为租赁

企业中的有些支出是一次性的、大金额的和长周期的，如建造厂房、购买叉车等，它们对企业现金流的消耗很大,企业不得不一次性支付大额资金,而回报会在很远的未来,对此,可以通过将购买变为租赁来获得使用权,从而将短期的、一次性的、高额的资金需求转换为长期的、多次的、小额的资金需求,缓解资金压力。

4. 降低采购成本

如果采购成本低了,采购开支就少了,企业的留存资金自然就多了。这里的采购成本是指总采购成本,包括购买成本、运输成本、关税成本、储存成本等。企业采购部门的工作之一就是寻找低成本的供货来源,目标就是降低采购成本。

5. 提高销售价格

这是与降低采购成本相反的一个方法,具体内容不做赘述。

6. 降低实物库存

库存就是钱,就是资金占用,降低库存是改善企业资金流的重要方法之一,它既不影响客户利益,又不影响供应商利益,而且还能降低企业的场地占用,提高现场作业效率,何乐而不为?但是,库存并不是越低越好,而且,降低库存是一个非常复杂的技术性工作,要实现既减少库存又保证生产顺畅和满足客户需求,需要谨慎而专业地筹划与执行。

7. 减少或延缓开支

当资金紧张时,减少开支或者延迟支出,也是改善资金流的基本方法之一,只是需要注意,企业须避免产生负面影响。

8. 及时发货和收款

这个方法属于企业操作层面的范畴。在实践中常会看到,成品长时间堆在仓库,客户往往延迟提货,企业无法提早开票和收款。有些企业可能更粗放,财务人员有时会忘记开票,或者把发票开错了,收款时间就更晚了,从而使企业的资金更紧张。

9. 做好电算化信息管理

这也许算不上一个方法,但却对现金流管理至关重要。无论是成本核算,还是收付款管理,企业都需要快速而准确地获知资金状况,如现有资金量、预期开支和收入等,做好电算化有助于实现资金流的精准管理。

需要说明,现金流好坏并不代表企业盈利好坏,而且,现金流并不是企业运营中的唯一追求,除此之外,还有追求采购成本降低、利润提高及核心竞争力的提升,因此,千万不能因为单独追求资金流而牺牲企业的核心利益。

## 小 结

资金是企业的必要资源之一,资金流是供应链三流中的一个,无论是企业运营还是供应链管理都需要保持资金充沛。资金管理是指在企业运营及供应链流转中所发生的与实物流相伴相生的与资金有关的活动和过程,包括交易登记、资金收付、成本核算等。要做好企业运营项下的资金管理,需要具有准确的技术数据、有效的方法及先进的 ERP 系统等电算化工具。

**思 考 题**

1. 全面运营模型中的资金管理包括哪些内容?
2. 改善企业现金流有哪些方法?

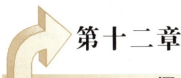

# 第十二章
## 保障层之组织管理

保障层是企业运营屋中的第三层，它虽然不像执行层那样与客户利益直接相关，但它为企业运营提供了必不可少的资源保障，是执行层的基础，因此非常重要。保障层由三部分组成，又称三支柱，即组织、流程和器具，分别对应企业的三个经营要素，即人力资源、规则制度和设备工具。本章的主题是组织管理，它是保障层的第一个支柱，目的是诠释企业组织以及它在企业运营中的地位、作用和影响。

### 第一节 什么是组织管理

#### 一、组织管理的定义

这里的组织是指由企业的全部员工所组成的雇员群体，又称人力资源管理、人事管理、人才管理或团队管理。

企业是资源的整合体，而人是企业中最具能动性的资源，因此，企业经营的重点之一就是对人的管理。组织管理就是为实现企业运营目标而对员工群体所实施的各项管理活动。

#### 二、组织管理的特征

1. 组织由多人组成

每一个企业都是由人组成的，都体现着"人"的特征。对人的研究由来已久，早期人们提出了"经济人"假设，认为人是有理性的，追求自身利益最大化，在管理中强调用物质上和经济上的利益来刺激员工努力工作。到了20世纪30年代，出现了"社会人"假设，人不仅关心自己个人的物质利益，还会追求人与人之间的友情、安全感和集体归属感，组织中人与人之间的关系是决定员工努力程度的主要因素。因此，管理者应当建立和谐的人际关系来促进工作效益的提高。再后来，美国心理学家马斯洛提出了"自我实现人"假设，认为人的需要是多层次的，人们有着最大限度地利用和开发自己才能的需要，"自我实现"是工作的最大动力。20世纪60年代，美国学者艾德佳·沙因在综合"经济人"假设、"社会人"假设和"自我实现人"假设的基础上，提出了"复杂人"的观点。他认为人的需要和潜在愿望是多种多样的，而且这些需要的模式随着年龄、在社会中所扮演的角色、所处的境遇和人际关系的变化而不断地发生着变化。

沙因的观点弥补了前几种人性假设的缺失，是比较全面的。

每一个人都会同时存在两种角色，即个体和群体。个体的基本特征是"人是有差异的，人是完整的人，人的行为有因，人是有尊严的"，而群体的基本特征是"群体行为和力量倍增"。企业的组织管理需要同时考虑人的这两种角色特征。

2. 组织具有结构性

在物质世界中存在这样的现象：虽然两个物质的成分相同，但如果它们的原子或分子的排列方式不同（即结构不同），它们的性能就大不相同，比如金刚石和石墨，水与冰。组织中也存在类似的现象，因为组织结构不同、职能分工不同、权利分配不同、沟通模式不同、资源调动方式不同，造成企业的运营绩效不同。

## 第二节　企业组织管理的内容

从广义上讲，一个企业的组织管理范围广泛、内容庞杂，几乎无所不包，但要实现有效管理，就需要化繁为简、分类管理。这里把组织分解为五个维度，即人力资源开发、组织结构设计、激励机制策划、领导力培养和企业文化构建。

### 一、人力资源的开发

1. 人力资源的构成

一个企业存在着多种职能和岗位，也就需要雇佣不同技能的员工，如销售人员、设计人员、生产人员、采购人员、财务人员、后勤人员，或高级管理人员、中层管理人员和基层操作人员。他们岗位不同、技能各异、彼此互补，员工不仅要做好本职工作，还要取得"1+1>2"的效果。要实现稳定的员工管理，还需要制定人力资源管理程序，规范企业的招聘、培训、考勤、评价等各项活动。

2. 骨干人才的作用

从实践来看，不同员工对企业的贡献是不同的，贡献突出的总是少数，他们可能拥有卓越的专业技能、突出的管理才华、丰富的工作经验，这些人被称为"骨干人才"，他们是企业的脊梁，也是人力资源管理工作的重点对象。

有人说，三个臭皮匠，顶个诸葛亮。这个说法有问题。千军易得，一将难求，三个臭皮匠甚至三十个臭皮匠也顶不上一个诸葛亮。很多人觉得，找一个高手解决了企业当前面临的问题，企业就能长治久安了，但事实绝不会如此，因为高手之高并不只在于一招半式或一两个技能，还有他的逻辑思维、工作手法和人品格局等一系列内在的难以复制的品质，这些都不是一蹴而就的，更不是一两天就能得到传承的。

3. 优秀团队的打造

优秀团队具有怎样的特征？让我们研究一下美国职业篮球联赛中迈克尔·乔丹带领的冠军团队。乔丹的队友有皮蓬、罗德曼、库科齐等，他们每个人都才华横溢、技能超群，同时，他们彼此又性格各异、特点不同，比如，罗德曼擅长抢篮板，但又被公认为"坏小子"；皮蓬善于突破和抢断；库科齐则精于远投。在乔丹的带领下，球队赢得了数次总冠军,并不仅仅因为乔丹优秀,更是因为整个球队优秀。无论球场上发生什么情况,赢得胜利始终都是团队的共同信念:顺风时要赢,逆风时也要赢;人员整齐时要赢,人员伤病时也要赢。这就是优秀的团队——团结一心、训练有素、一往无前、百战不殆。

因此,优秀团队不是偶然生成的,而是精心打造的,企业的团队建设也是如此。第一,要做好人力资源评估。企业的人才需求是动态的,市场上的人力资源供给也是动态的,要不断识别需求与供给,找出缺口和痛点,这是实现匹配的前提。第二,要制订人力资源开发计划,根据计划实施行动,没有计划就难以开展有效的行动。第三,要实施培育,外部招聘并不能解决全部问题,内部培育才是最核心的人才开发手段,具体方法包括培训、辅导、实习、轮岗等。第四,要做好团队磨合,优秀的团队不是优秀人才的简单聚合,而是互补和适配,只有磨合才能建立互信、默契和一起作战的能力。第五,要实施留人计划或激励计划,优秀的人才总是期望获得更好的待遇,没有相应的激励机制就无法留住人才,企业需要建立留人计划,实施激励措施。

## 二、组织结构的设计

除了人力资源供给,组织结构的不同也会影响企业绩效,这是因为组织结构不仅代表结构,它还代表着权力分配、资源调配和沟通方式,这些都会影响运营绩效。

1. 组织结构的演变

回顾历史,我们可以看到,企业的组织结构经历了一系列变革,早期结构已经发生了翻天覆地的变化。

传统的组织结构(图12.1)采用平行站位,这是一种典型的生产型企业组织结构,其基本特点是各部门全部平行站位。优点:各司其职、分工明确,便于总经理进行统筹管理。缺点:一是没有区分不同职能的权重;二是部门分割,不利于跨部门协作。不同职能的权重是不同的,设计时应该做好跨部门协调,减少部门隔墙和利益焦点。

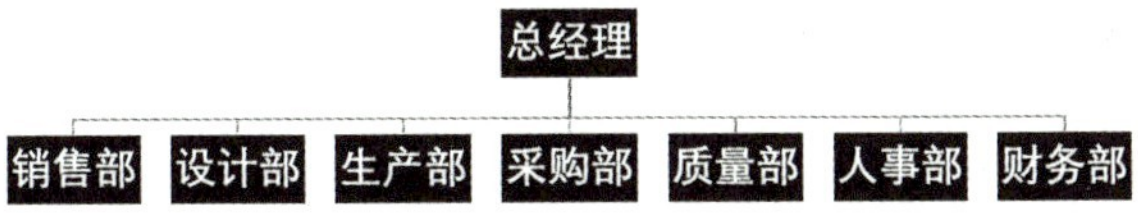

图 12.1 传统生产企业组织结构

现代生产型企业的组织结构(图12.2)强化了核心部门地位和跨部门协同。在商业企业中,评判一个职能或部门是否重要的标准应该是看它与客户满意度是否直接相关,比如,销售部门、设计部门、计划部门、生产部门、质量部门等,它们直接影响客户满足度、质量表现和交付准时度,自然就是核心部门;而企业的人力资源部门、财务部门、行政部门等,它们虽然也掌控着重要资源,但与客户利益存在间接关系,因此属于支持性部门或辅助部门。

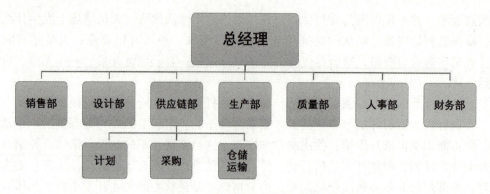

图 12.2 现代生产企业组织结构

2. 组织结构设计的影响因素

一个企业的组织结构设计会受到多个因素的影响，比如职能分配、产品种类、地域分布、经营策略等。其中，职能分配是最基本的因素，它确定了各个职能在企业中的地位；产品类别也是因素之一，有些企业会根据产品类别的不同设置不同的生产中心、销售部门；区域分布是另一个因素，有些企业集团会根据地域分布的不同来设置组织结构；经营策略也是一个因素，比如，在企业集团中，集中采购和分散采购会让采购团队的组织结构发生不同，集中采购模式下各工厂的采购职能都要听从集团采购中心的指挥，而分散采购模式下各个工厂可以自行做出采购决策。

3. 组织结构的评估

评估一个企业的组织结构是否卓越，首先要看它是否具有清晰、明确的组织结构图，以及各关键岗位的职责描述、资质要求和报告体系；其次，还要看它的组织结构是否合理，如是否扁平精练、分工明确、与业务流相匹配；最后，还要明确核心部门与非核心部门，并体现跨职能的协调能力。

## 案例 12-1 企业管理重心的演变

世界上唯一不变的就是变化，物竞天择，适者生存。100 多年来，伴随着市场经济的发展和演进，企业的经营管理和组织结构也在不断演变。市场供需状况是推动管理变革的最大动力，企业持续追求盈利和价值最大化是推动管理变革的另一股动力，新兴管理思想层出不穷为管理变革提供了工具和方法。

在这个变革中，它的基本逻辑关系是：供需平衡决定着企业管理重心，管理重心决定管理方法，管理方法决定企业输出（图 12.3）。

**阶段一 蛮荒时代（1911 年之前）**

现代企业管理始于弗雷德里克·泰勒所创立的科学管理，它的标志性事件就是《科学管理》一书在 1911 年的出版。在此之前，市场需求庞大而供给不足，整个世界的工业化水平不高，企业数量不多，企业管理几乎为零，这一时期我们把它称为蛮荒时代。

**阶段二 生产时代（1911 年到 1941 年）**

1941 年 12 月 8 日美国对日宣战，美国加入二战战场。美国参战后对于后勤管理、

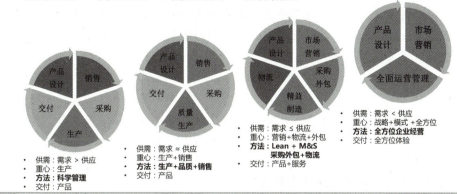

图 12.3　企业管理重心的演变

质量管理的强烈诉求给军工企业及整个工业界带来了一系列的重大影响，这就是将 1941 年确定为一个断点年份的原因所在。在这个时期，市场供给远远小于潜在需求，企业遇到的最大问题是生产效率低下——生产不出来，企业管理重心自然落在了生产环节，科学管理是这一时期最主要的管理思想和工具；虽然产品设计和销售也很重要，但与生产职能的地位相比仍然相形见绌。这一时期，采购、物流等职能的地位都很低下，几乎被管理层忽视。

### 阶段三　质量与销售时代（1941 年到 1994 年）

随着商品经济的不断扩大和日益国际化，为提高产品的信誉，减少重复检验，削弱和消除贸易技术壁垒，维护生产者、经销者、用户和消费者各方权益，1994 年，国际标准化组织（ISO）提出了 ISO9000 标准的概念。这个第三认证方不受产销双方经济利益支配，公正而科学，它是各国对产品和企业进行质量评价和监督的通行证，可以作为顾客对供方质量审核的依据，也保证了企业具有满足客户技术要求的能力。ISO9000 的发布标志着企业管理体系标准化的开端，这一时期，企业管理重心集中在生产、质量和销售，其中，生产职能依然重要，而质量职能的地位正走向巅峰。供需关系逐步趋于平衡，质量问题和销售问题变得异常突出，尤其是大量的粗制滥造给客户及企业本身带来了巨大的损失，很多质量管理思想应运而生，如质量保障、质量预防、全面质量管理、六西格玛等，也出现了很多优秀的质量管理大师，如朱兰、戴明、克劳士比等。生产职能在企业经营中依然具有重要地位，但同时，质量职能起到了监督和制衡的作用，很多企业提出了"质量第一""质量是企业的生命"的口号。销售职能也变得越来越重要，找到客户并把产品卖给客户是企业的重要任务之一。产品设计、采购、物流等虽然也有所发展，但依然还没有得到很高的重视。

### 阶段四　精益及多元时代（1994 年到 2003 年）

2003 年，伯尔尼 H. 施密特出版了《客户体验管理》一书，"客户体验管理"作为一种崭新的客户管理方法和理念开始兴起并为越来越多的人所接受，客户体验管理就是

"战略性地管理客户对产品或公司全面体验的过程"。1994年到2003年间,供需关系逐步趋于平衡,并在很多领域出现了生产过剩的现象,差异化竞争成为必然选择,质量问题得到了很大改善,而整体效率问题和企业盈利问题成为企业管理的重点。这一时期出现了一些非常重要的管理思想:一是丰田生产模式(TPS)或称为精益制造(LEAN),它起源于丰田汽车并随着《改变世界的机器》一书迅速推广到了全世界,其中质量管理已经融入到了制造过程;二是战略外包,它源于西方管理大师对于战略管理和核心竞争力的研究。同时,在销售方面,成熟的企业已经不会仅停留在销售层面,而是更加重视市场经营。这一时期,企业管理重心就是精益制造、市场营销和采购外包。因此,我们把这一时期命名为精益及多元时代。

**阶段五 全方位时代(2003年到未来)**

在这一时期,市场供应已经大大超过了市场需求,市场竞争的主流阵地早已不是低质低价,企业只有实现全方位的卓越经营才能获得持续的竞争优势和企业利益。在市场营销方面,全方位客户体验成为企业的必然选择,它以提高客户整体体验为出发点,注重与客户的每一次接触,通过协调整合售前、售中和售后等各个阶段,各种客户接触点或接触渠道,有目的、无缝隙地为客户传递目标信息,创造匹配品牌承诺的正面感觉,以实现良性互动,进而创造差异化的客户体验,实现对客户的忠诚度,强化感知价值,从而增加企业收入与资产价值。

一个企业如果试图向客户传递理想的客户体验,势必要在产品、服务、人员及过程管理等方面有比较好的表现,企业就要实现以客户为中心的全方位经营。为此,企业必须重构组织结构。此时,产品设计、市场营销和全面供应链及运营管理成为企业经营的三个核心。企业管理重心在于"战略、模式和全方位",企业管理的主要方法在于全面运营及运营管理。

## 三、激励机制的策划

**1. 什么是激励**

激励就是组织及其个人通过设计适当的奖酬形式、工作环境、行为准则和惩罚措施,借助信息沟通,来激发、引导、保持和规范群体行为,从而实现组织及个人目标。"两利相权取其重、两害相权取其轻",趋利避害始终是每个人的决策机理。激励约束就是利用这个机理,对员工形成正面激励和反面约束,从而让团队朝着管理者所期望的方向发展。

激励是激发个人行为的心理过程。激励这个概念用于管理,是指激发员工的工作动机,也就是说用各种方法去调动员工的积极性和创造性,使员工努力完成组织的任务,实现组织的目标。

有效的激励会点燃员工激情,激发工作动机,产生超越自我和他人的欲望,并将潜在的巨大的内驱力释放出来,为企业的远景目标奉献自己的热情。

在工作上调动员工积极性,激发全体员工的创造力,是人力资源开发的最高阶目标。作为企业,需要塑造相应的环境和机制:一是创造开拓创新的环境和用于探索的思想氛围;二是建立正确的评价和激励机制,重奖重用有突出业绩的创新者;三是强化内部竞争机制,激励人们去研究新动向、新问题,并明确规定适应时代要求的技术创新和管理创新的具体目标;四是要组织员工不断学习、更新知识。

2. 激励的基本原则

有效实施激励,需要遵循若干基本原则,现列举如下。

(1) 目标结合原则。目标设置必须同时体现组织目标和员工需要。

(2) 物质激励和精神激励相结合原则。物质激励是基础,精神激励是根本,两者需要结合,以精神激励为主。

(3) 公平原则。俗话说,公平是最好的激励。如果失去公平,激励措施很可能会适得其反。

(4) 时效性原则。要把握激励的时机,"雪中送炭"和"雨后送伞"的效果是不一样的。激励越及时,越有利于将激情推向高潮,让创造力连续有效地发挥出来。

(5) 正激励与负激励相结合原则。所谓正激励就是对符合组织目标的行为进行奖励,负激励就是对违背组织目标的行为进行惩罚。正负激励都是必要而有效的,不仅作用于当事人,而且会间接影响周围其他人。

(6) 按需激励原则。激励的起点是满足员工的需要,但员工的需要因人而异、因时而异,只有满足最迫切需要的措施,它的效用才最高,激励强度才最大。因此,领导者必须调查研究,不断了解员工需要和变化趋势,有针对性地采取激励措施。

3. 激励的作用

激励的作用是多方面的。首先,它能够促进在职员工发挥才智;其次,它能够吸引优秀人才的加盟,也有助于留住现有人才;最后,它能够造就良性的竞争环境,将工作压力转化为工作动力。

4. 计件与计时的区别

薪酬机制是企业激励约束中的基础内容,员工之所以愿意来企业工作,是因为他能够从企业得到回报,包括薪资待遇、发展空间及幸福感。良性的薪酬体系就是让员工获得合理薪资,从而让团队保持良好的战斗力。

薪酬机制可以简单分为两种方式,即计件和计时。在计件方式中,工艺核算员会提前给出每件产品的加工费率,企业会根据员工完成任务数量(仅限合格品数量)向员工支付薪酬。这种方式的好处是简单直接,适用于容易单独计量的任务,但它不适用于那些不容易计量产出的工作,如白领员工。计时方式则是根据工作时间长短来计量薪酬,它适用于那些不容易直接计量产出的工作,工作时间越长薪资越高。这个方式也存在缺陷,因为出勤时间长短与产出多少并不存在绝对的因果关系,因此,除了考核时间之外,还应该考核员工的目标达成率、工作态度等其他指标,为此,设定绩效奖金是对计时方式的有效补充,实践中也得到了很多应用。

奖金制度是一个有效的激励方法。奖金与工资的区别在于工资是固定的,而奖金是变动的,根据员工绩效表现来发放。人们往往对变动的东西更敏感,这也是奖金制度的原理。实践表明,假如一个员工的月度薪酬总额是 5 000 元,并存在两种发放方式,其一是按照 5 000 元全额发放,其二是按照 "2 500 元薪资+2 500 元考评奖金" 发放,显然后者对员工的影响更大。奖金制度尤其适用于企业的普通白领,因为他们的薪资方式是计时的,月度考评奖金制会提高员工对绩效表现的敏感度。而且,月度绩效奖金制也起到了定期实施工作检查的目的,是 PDCA 中的 C,是非常必要的。但要注意,月度绩效奖金制需要制定一份考核条目数量适中的考核表,不应过于简单,也不应过于复杂,而且,绩效考核的初衷是尽可能发放奖金而不是要克扣工资,否则就会造成员工抵触,失去它应有的作用。

### 四、领导力的培养

1. 什么是领导力

领导力就是领导者凭借其个人的综合作用在一定条件下对特定个人或组织所产生的人格凝聚力和感召力,是保持组织卓越成长和可持续发展的重要驱动力,领导力的本质就是影响力。

领导力又分为权力的影响力和非权力的影响力,其中,权力的影响力是指信息权、关照权、法定权、奖赏权、关联权、强制权,而非权力的影响力是指互惠、一致、认同、喜好等。优秀的企业一定拥有优秀的领导者及成熟、系统、有效的管理哲学和思想。

2. 优秀领导者的表现

优秀领导人的素养是多方面的,如领导意愿、责任感、正直、沟通、胸怀、远见、授权、智慧和技能(图 12.4),而且级别越高越需要具有成熟的管理思想,级别越低越需要具有必要的技能,但无论如何,所有领导者都需要具有强烈的责任感。不同领导者的领导风格可能不同,各要素的权重也会不同,它们既具有共性也存在差异。

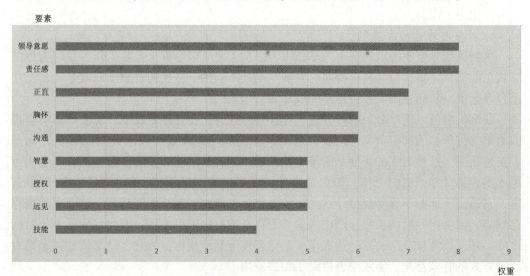

图 12.4　领导者的素养

3. 卓越领导力的打造

领导力不是用来评价的,而是用来发挥作用、创造价值的。作为一位优秀的企业管理者,要发挥卓越的领导力:第一,应该拥有成熟完善的管理思想;第二,始终以实现组织的目标为己任;第三,善于沟通达成共识;第四,做事有计划、不混乱;第五,清晰授权并充分发挥下属的主观能动性;第六,提供必要的资源;第七,率先垂范并用品格形成天然而持久的感召力;第八,指导下属并支持其他领导人;第九,及时检查与纠正;第十,实施公正的考评与激励;第十一,构建良性群体文化。

优秀领导人不一定能创造优秀企业,但优秀企业一定拥有优秀领导人,他能够始终促使团队不断创新进取并赢得胜利。"爱、快乐、责任、价值"是让团队持续取得成功的基本价值观,爱与快乐让团队和谐,而责任与价值让团队具有方向性、凝聚力和战斗力。

## 五、企业文化的构建

1. 企业文化的定义

企业文化,或称为组织文化,是一个组织由其价值观、信念、仪式、符号、处事方式等组成的文化形象,它包括企业愿景、使命、价值观、道德规范、行为准则、企业制度等,其中价值观是企业文化的核心。

企业文化由三个层次构成:一是理念层,它反映了企业的信仰和追求,是企业的灵魂,是形成制度的思想基础,包括各种行为规范、价值观念、群体意识、职工素质和优良传统等,又被称为企业精神;二是制度层,它是企业文化的中间层,是具体物化的、对企业组织和企业员工的行为进行约束和规范的行为准则体系,包括领导体制、人际关系及各项规章制度和纪律等;三是物质层,它是企业文化的外在表现,通过标识特征等将理念形态文化展现出来,包括厂容、厂貌、机械设备、产品造型、外观等。

2. 企业文化的意义

企业文化是企业的灵魂,是推动企业发展的不竭动力。它的具体作用如下。

(1) 企业文化能激发员工的使命感。不管是什么企业都有它的责任和使命,企业使命感是全体员工工作的目标和方向,是企业不断发展或前进的动力之源。

(2) 企业文化能凝聚员工的归属感。企业文化的作用就是通过企业价值观的提炼和传播,让一群来自不同地方的人共同追求同一个梦想。

(3) 企业文化能加强员工的责任感。企业要通过大量的资料和文件宣传员工责任感的重要性,管理人员要给全体员工灌输责任意识、危机意识和团队意识,要让大家清楚地认识企业是全体员工共同的企业。

(4) 企业文化能赋予员工的荣誉感。每个人都要在自己的工作岗位、工作领域多做贡献、多出成绩、多追求荣誉感。

3. 卓越企业文化的特征

不同企业的文化不同,但在市场经济已经走向成熟的今天,卓越的企业文化往往都具有这些特征:一是拥有文件化的企业文化表述,即愿景、使命和价值观;二是拥有成熟完善的企业经营思想,涵盖企业的方方面面;三是拥有健全的企业管理制度,涵盖业务运行及日常运作；四是拥有深入人心的工作理念与行为习惯，表现出"得体、干练、专业、进取、价值、尊重"等一系列的美德与技能；五是拥有系统化的企业标识体系和宣传展示媒介和沟通机制，如企业标识、标牌、标语、看板、条幅、培训、传媒等。

　　优秀企业的价值观也具有普适性，一般都会包含四项内容：一是客户导向；二是尊重员工；三是团队精神；四是追求卓越。其中，客户导向是指企业因客户而存在，企业存在的意义在于服务客户；尊重员工是因为员工是企业最具能动性的资产，只有尊重和关爱员工，才能让员工更好地服务于企业、服务于客户；团队精神是因为企业经营都是团队作战而不是个体行为，只有拥有团队精神才可能赢得胜利；追求卓越是因为企业永远不能故步自封，而是要不断前进，追求更好的发展。

　　企业文化是有力量的。人们说，"法律是让人不敢做坏事，制度是让人不去做坏事，而文化是让人不愿做坏事"。企业文化是判断一个企业和组织能否把事情做成的关键因素，它的核心是愿景、使命和价值观。文化在平时的作用并不明显，只有在企业处于生死攸关和面临重大利益选择时，才会真正发挥作用。

## 小　结

　　企业是资源的整合体，其中，人是最具能动性的，也是最重要的企业资源。组织管理就是为实现企业目标而对企业员工群体实施的管理活动，也被称为人力资源管理，它是企业管理的核心之一。

　　一个企业如何才能做好组织管理，可以从五个方面着手：第一是要人力资源开发，这里包括人力资源的评估、聘用、培育、骨干管理及团队建设，没有足够的人力资源供给就不会有强大的组织队伍。第二是要做好组织结构的设计，它不仅应该区分核心职能和非核心职能（与客户利益直接相关的职能就是核心职能，而其他职能就是非核心职能），并且应该保证跨部门沟通顺畅。第三是要做好激励机制的策划，这是保证组织持续保持旺盛战斗力的关键所在，它包括正向激励和反向激励，又分为物质激励和精神激励。计件工资和计时工资是两种薪酬制度，它也是企业激励机制中的一部分。第四是领导力的培养，这是优秀的团队不可或缺的。火车跑得快，要靠车头带，优秀领导者应该具有强烈的领导意愿、正直的人品、博大的胸怀、超凡的远见和洞见等诸多品质。第五是企业文化的构建，这是一项软实力，它是对以上四个要素的补充。企业文化能激发员工的使命感，凝聚员工的归属感，加强员工的责任感和荣誉感，驱动员工从心底里向好而不会向坏。

### 思考题

1. 什么是组织管理？
2. 组织具有哪些特征？
3. 要做好组织管理应从哪些方面入手？

# 第十三章
# 保障层之流程管理

企业的卓越运营不仅需要执行到位，还离不开组织、流程和器具的保障与支持。本章的主题是流程管理，它是保障层的第二个支柱，目的是诠释流程在企业运营中的地位、作用和影响。

## 第一节 什么是流程管理

### 一、流程管理的定义

无论是企业运营还是供应链管理，要想始终做到井然有序和稳定输出，就必须拥有完善的规则和制度，流程就是企业管理规则和制度的总称，它是实现卓越运营的基础条件之一。流程管理就是为实现企业目标而对企业的各种规则和制度进行管理的活动与过程。

### 二、流程管理的意义

1. 管理复杂度决定流程

如果一个企业的规模很小、人员很少，那么不需要多少规章制度也能运转良好。可是，当企业规模变大了、人员增多了、业务繁琐了，如果没有完善的管理体系，那么企业很容易出现混乱，要么质量出问题，要么效率出问题，要么团队出问题，要么成本出问题，这是因为管理越复杂就越需要流程管理，流程管理的作用就在于通过制定规则来规范群体行为和工作模式，降低管理的复杂度。

2. 稳定输出需要流程

一个人要把事情做好，可以依靠个人智慧和自律，而要让一个企业的众多员工每天都把事情做好，它需要流程规则，这是企业稳定运营的基础。流程需要有高度的稳定性和可复制性，只有按规而行，才会实现稳定的输出。

3. 提升能力更需要流程

企业经营管理需要多种能力，如市场开发能力、技术创新能力等，而其中，制定流程也是企业经营管理的必要能力之一。如果没有适合的流程规则，企业就无法有序运行。人们说，二流的企业做执行，一流的企业定标准，能够有权制定标准的企业都是有主导权的企业。还有人说，普通员工做执行，优秀经理人做规划。无论是企业还是个人，制定流程和规则都是能力的体现。

### 三、组织和流程哪个更重要

很多人都会问到这样一个问题：在企业经营中，到底是人重要，还是规则重要？即组织和流程哪个更重要？这并不是一个能够简单回答的问题，它需要在不同情境下进行比较和分析。

情境一：当企业处于小规模发展期，人的作用更大。如果把企业规模缩减到最小，比如，一个个体户或家庭作坊，此时会发现，有没有流程并不是很重要，只要人（组织）厉害，如头脑灵活、思路清晰，就能通过个体的强悍或者伙伴之间的默契来把事情做好，简单的流程规则即可满足需要。

情境二：当企业处于快速发展变革期，流程会变得更加重要。此时，企业非常倚重骨干人员的才智，他们的能力、胆识和格局决定着企业的方向，但与此同时，复杂多变的业务运作也需要更多的流程规则予以约束和辅助，否则就很容易顾此失彼，捡了芝麻丢了西瓜。

情境三：当企业处于大规模运营期，流程变得非常重要。此时，企业人员众多、业务繁杂，各种资源需要调配，各种事务需要决策，仅仅依靠老板或几个骨干根本无法实现高效高质的运转。如果缺少有效的流程规则，员工就会无所适从，很容易产生停滞和浪费。但与此同时，人的作用依然很大，如果缺少优秀的人才，很多关键问题、重大问题总会无法解决。

通过三种情境对比可以看到，在企业经营中，组织始终都很重要，而流程会随着规模的扩大、管理复杂度的提高而变得越来越重要。人力资源（组织）始终是企业经营的必需，而流程则是企业经营管理的一种工具，它的存在就是为了弥补单纯依靠人治所带来的不足。所以说，流程是管理复杂事务的必然选择。

## 第二节　企业管理中的常用流程

在企业经营中，流程规则随处可见，如程序、指导书、图纸、规章等，但管理成熟企业的流程往往都是系统化的、文件化的和可持续更新的，管理粗放企业的流程很可能是零碎的、口头的和与实际操作不一致的。一个企业的流程大体分为四类，即管理体系、管理程序、作业指导书和规章制度，以下分别进行介绍。

### 一、管理体系

这里的管理体系是指为实现组织目标而将同一范围中、存在内在紧密联系的事物、过程、活动和职能，按照一定的秩序和结构进行组合，并建立程序、规范和制度进行专项管理的系统，如生产管理体系、质量管理体系、计划管理体系、人事管理体系、财务管理体系等。

每一个专项管理体系都具有相对独立性，而所有体系的集合就构成了企业的整体经营管理体系，即企业管理体系。可见，企业整体经营管理体系往往是庞杂的和分散的，不同企业管理体系也很难通用。本节重点介绍几个专项管理体系。

1. 生产管理体系

生产管理体系就是为了用最优方式完成生产任务而构建的生产管理系统，具体包括生产线设计、生产计划、工单履行、作业管理、现场管理、质量管理、设备维护、人员管理、薪酬管理、绩效管理等。

生产型企业最基本的特征就是拥有生产单元，包括加工中心、原料输入、成品输出、监控装置及能源辅料耗用等设施，其中，每条生产线都有它的工艺顺序、设备配置、人员配置、节拍、产能及合格率参数。整个生产过程开始于原材料领用，经过加工环节，结束于产品完工入库。这个体系非常复杂，它囊括了人工、设备、工装、原料、生产工艺、场地、检测、在制品、成品等多个要素，并始终受到客户端、供应端、设计管理、人员等多方面影响，又同时影响着企业的质量表现、计划达成率、客户准时交付率及企业的效益。

现在，人们往往会忽视生产管理体系的存在，并非它不显眼，而是大部分企业都通过了 ISO9000 或 IATF16949 认证，建立了覆盖全公司的质量管理体系，生产管理体系也被纳入质量管理体系中。人们只知道"质量管理体系"，而不知道"生产管理体系"，但它的独立性、系统性和重要性仍然是独一无二的。

2. 质量管理体系

质量管理体系就是为了保证企业产品和服务的交付质量并实现客户满意度而构建的质量管理系统。常见的质量管理体系就是很多企业依据 ISO9000 或 IATF16949 而建立的 QMS，它涵盖了客户开发、产品和工艺设计、生产制造、质量检验、采购、仓储、包装、运输及人力资源等多个企业管理环节。

质量管理体系是企业覆盖范围最广的体系。质量管理体系在企业内部建立了一套标准化的管理架构，其范围几乎覆盖了企业的各个方面，并利用内审和外审，持续保持它的有效性，它是企业管理中最具影响力的一个"流程"，也得到了企业界的普遍认同。

在现代工业发展的 100 多年历史中，质量管理范畴经历了不断扩展的过程，早期的质量管理仅限于 QI（Quality Inspection，质量检验）或 QC（Quality Check，质量检查），如来料检验、过程检验、出厂检验等，后来逐步发展成为 QA（Quality Assurance，质量保证）和全面质量管理（Total Quality Management），其范围几乎扩展到了整个企业运营过程。正因为如此，有些企业甚至把质量管理体系更名为企业管理系统，这种做法存在一定道理，它体现了当前质量管理体系的范围广和地位高的特征，但这种做法的不足也是显而易见的，过度强化质量管理体系在企业中的地位也会弱化对其他体系的重视程度，从而降低企业的管理能力。近些年来，虽然很多企业对精益制造、卓越运营、约束理论、供应链管理等概念趋之若鹜，但全面质量管理作为最重要的企业管理体系，它对运营中的很多难题解决办法却不多，需要引入其他管理手段来解决。因此，除了质量管理体系之外，企业也需要同时重视其他管理体系。

## 案例 13-1  通过 ISO9001 认证，企业效率不升反降

**1. 背景介绍**

S 企业是一家小企业，产品是板式换热器。随着企业规模的不断扩大，很多客户要求 S 企业必须通过 ISO9001 认证。为此，管理层专门聘请了咨询公司，在企业内部建立了质量管理体系，从质量方针到程序、作业指导书和表单一应俱全，并顺利通过了 ISO9001 认证。

**2. 问题描述**

取得证书后，企业开始严格按照体系规定运行，但却遇到了很多问题，比如，程序规定与实际作业不符，文件规定很死板，而实际作业变数大，二者脱节；文件记录过多过细，严重影响工作效率，进而影响产品交付和员工收入。久而久之，员工不愿意按照体系执行，管理者也迫于效率问题只能睁一眼闭一眼，等到复审时也只能表面一套、实际一套。大家得出的结论是："为什么我们的效率变低了？因为我们通过了 ISO9001。"

**3. 原因分析**

这样的现象不是偶然的，其实很多企业也都存在类似的困惑，原因何在呢？

第一，QMS（质量管理系统）认证能保证符合规定要求而不会实现卓越。换句话说，所有通过认证的企业只能说明它的体系运行符合规定要求，并运行有效，但它并不说明企业的管理是领先的或者具有市场竞争力的。要实现运行高效、管理卓越，企业还需要在研发、营销、计划、人才等各方面发展自己的核心竞争力，只有 QMS 是远远不够的。

第二，QMS 运行有可能降低效率。从本质上讲，QMS 就是一种运营规则，如果原来的工作是比较自由的，那现在必须按照既定规则来做，额外的规则增加也必然会增加管理程序，降低工作效率。但同时，它能够让运营过程更加稳定，让重复的输出具有相同的质量，这便是它的价值所在。

第三，形而上学地推行 QMS 会带来浪费。作为一个标准化体系，它具有指导性和科学性，但如果对体系的理解过于呆板，或者尺度把控过于苛求细节，甚至是小题大做，那么，这样的体系就会给企业带来较低的效率和管理浪费。

**4. 经验教训**

QMS 存在价值，但也并不完美。它只是企业运营管理中的一个基础体系，要想实现卓越的企业运营，QMS 必须简练和智慧。

### 3. 计划管理体系

很多人都知道企业中存在生产活动，但了解计划的恐怕不多，其实，计划管理也是企业运营的核心活动之一，对于生产型企业来说尤其重要。

这里的计划专门是指在企业订单履行过程中对资源和活动所进行的筹划与安排，进一步说，计划就是为满足客户需求和订单履行，企业对未来一定时期内生产、采购和交付的内容、数量、时间，以及保持多少库存、按照怎样的顺序执行、是否外发或加班等

议题所做的一系列的筹划、安排和跟进活动。

计划管理的目标是供需匹配且总成本最优，也就是说，既要满足客户需求，实现准时交付，又要保持合理的运营成本和库存水平，要做到二者兼得，任何的顾此失彼都不是最优的计划。计划管理的范围不仅包括企业内部的订单履行过程，还包括企业上下游的供应端和客户端，它横跨需求管理、生产管理和供应管理及下属的其他模块，并延伸到客户端和供应端。

一个生产型企业的运营系统可以分为四部分，即基础信息、计划体系、交易过程和实物流动。其中，计划体系又由五个模块组成，即需求管理、主计划、生产计划、物料计划和交付管理，它们相互衔接、相互协同。

计划管理体系具有六个主要特征：（1）它是一系列的数据处理过程和活动；（2）它始终以满足客户需求和履行客户订单为主线；（3）它需要借助于先进的计划工具，如 ERP；（4）它联通了整个供应链体系，包括客户端、供应端及企业内部各职能；（5）它需要与其他信息沟通工具相连接，如 EDI、ASN、Bar code；（6）它对交付客户价值起到关键作用。

随着供应链思想的不断推广，计划管理体系的作用得到了越来越高的重视。计划管理体系以本企业为中心并横跨整个供应链，驱动着生产制造和实物流过程，影响着企业的核心绩效。所有的企业都应重视计划管理体系，建立与其产品、工艺和行业特点相匹配的计划模式，并努力强化计划的集成性，从而实现企业的卓越运营。

4. 人事管理体系

具体参见组织管理，这里略。

5. 财务管理体系

企业运营的过程也是企业逐利的过程，其中伴随着资金的流转、成本的计量及财务的筹划，这些工作都属于财务管理的范畴。财务管理就是在一定的整体目标下，关于投资、筹资、资金营运及利润分配的管理，它是企业经营管理的一个组成部分，与此同时，它必须符合财务法规、制度和原则。

财务管理的核心是资金管理，通过资金这条链可以贯穿业务的始终。预算管理是资金管理的指向标，企业通过全面预算制度，编制企业未来年度的销售、生产、采购预算，这些分支预算的最终落脚点在于资金，形成财务预算。在资金使用之后，对资金使用的效率和效果进行评价，这就要求财务管理要配合一套"花钱必有效、无效必问责"的考核机制。

除了以上五个管理体系之外，企业运营中还存在其他诸多管理体系，如设计管理体系、销售管理体系、采购管理体系等，但它们对于企业运营的影响要稍逊一些。

## 二、管理程序

这里的管理程序是指为管理某个过程所建立和实施的方针、措施和步骤。前文提到，管理体系是指将同一范围中存在内在紧密联系的事物、过程、活动和职能按照一定秩序和结构进行组合，并建立程序、规范和制度进行专项管理的系统，而管理程序正是管理体系的下一级文件和子项工作规则，它的管理对象是某个过程，一般会包括目的、范围、输入、输出、作业步骤和绩效指标。管理程序又分为核心程序和非核心程序，下面对几个核心管理程序进行逐一介绍。

1. 客户开发程序

客户开发程序是企业的重要管理程序之一，它的范围包括从客户开发、产品工艺设计一直到量产的全过程。运用 APQP 原则，明确识别客户特殊要求和各关键职能的职责（如设计、计划、物流、生产、采购等），并先期参与、协同配合。该程序的作用就是有效管理和实施客户开发过程并实现顺利量产。

2. 订单履行程序

订单履行程序是另一个重要程序，它的范围涵盖从接受客户订单、计划、生产、采购直至产品交付的全过程，同时横跨销售、计划、生产、采购和物流等多个职能部门，它对于实现客户满意和维护企业效益具有重要作用。

3. 不良品管理程序

不良品是不可避免的，每一个企业都可能存在不良品，而如何管理不良品是企业管理中的关键。不良品管理程序的内容包括发现异常、问题调查、原因分析、改善行动、问题解决、持续改善和有效运行。

4. 供应商管理程序

市场经济就是交换经济，每一个企业都需要从外部购买产品或服务，也都需要外部供应商。供应商管理程序的内容包括寻源、认证、商谈、量产和日常管理，供应商管理的目的是满足客户需求及为企业内部带来便利，管理者须明确各岗位职责，并协同配合，实现组织目标。

5. 变更管理程序

无论是客户还是企业内部及供应商，每一个要素都可能发生异动，如何有效管理变更是企业管理的关键。企业须拥有变更管理程序，明确规定工程变更、产品生命周期结束等情况下的执行步骤，并有效运行。

6. 风险管理程序

风险无处不在，管理成熟的企业都会建立一个风险管理程序，其内容包括风险评估、应对措施等，如集团业务保险、召回保险、应急响应机制、团队备份机制、信息保密备份机制、合规等。

7. 成本管理程序

如果成本管理不善，企业就无法确定自己的盈亏，因此，企业需要建立一个完整的成本管理程序，遵循作业成本法，合理界定和分配可变成本（如材料成本、人工成本等）、固定成本（如房租、设备摊销等），以及各种杂项费用，实施成本核算。

### 三、作业指导书

管理程序的下一级子项规则是作业指导书。这里的作业指导书是指为了完成某项或某类任务而专门编写的指导性文件，它对特定活动或动作所作的具体要求或描述，与管理程序相比，更详细、更具体、更单一，而且更便于操作。除了作业指导书之外，其他文件，如设计图纸、制造厂说明书、技术规范、岗位操作指导书等，也都属于这一类别。

## 四、规章制度

规章制度就是除了管理体系、管理程序和作业指导书之外的，企业内部各部门单独制定的、比较零星的制度和要求。并非所有的要求都能够标准化，出于某些需要，企业也会制定一些专项要求，它们也是企业管理规则的一部分。比如，人事部门有时会出台关于考勤、休假、奖惩的公告，财务部门有时会发布新的报销规定等，这些就是规章制度。

### 案例 13-2　减少颜色种类，助力 5S 改善

**1. 背景介绍**

L 企业是一家生产型企业，鉴于现场秩序混乱、物料摆放凌乱、环境整洁度差、目视效果不佳，管理层决心推进生产现场的 5S 改善。

**2. 问题描述**

通过现场走访发现，亟待解决的问题就是现场划线混乱、分割线颜色种类繁多且使用方式不一致性。比如，有些通道的分割线是黄色的，而有些是蓝色的，如果黄色分割线旁是成品区，那么成品区又增加了一圈绿色分割线；有些警示区域（如消防栓等）采用红色分割线，而有些采用黄色或斑马色分割线。这样的现象比比皆是。

**3. 问题分析**

询问当事人后得到的答复是原来的色标规范就是这样。仔细查看原来的色标规范发现，确实存在色标种类繁多且表达不清的问题。为此，要做好 5S 改善，首先要解决的问题就是简化色标种类，并明确各自的使用范围。

图 13.1 所示是原色标规范，图 13.2 所示是新色标规范，它们的最大区别在于新色标规范明确规定了主色，现场人员应优先选用主色，其他都是辅助或备用颜色，这样就大大简化了颜色种类。

| 颜色 | 规格 | 用途 |
|---|---|---|
|  | 50mm 宽　白色胶带 | 待检区(半成品、成品、原料)<br>主要生产设备、工装、检测仪器、物料箱、成品箱等 |
|  | 50mm 宽　黄色胶带 | 待判区、隔离区 |
|  | 50mm 宽　绿色胶带 | 人行通道/参观通道/安全通道（绿色带+箭头）<br>终检及成品检验合格区 |
|  | 50mm 宽　红色胶带 | 不良品、报废品 |
|  | 50mm 宽　蓝色胶带 | 服务性设施（空调、饮水机、冰箱等）、辅助生产设备（平板车、液压车、工具柜、文件柜、工作台、物料架、洗地机、看板等）<br>其他零星物品存放区 |
|  | 50mm 宽　黑黄斑马线胶带 | 消防设施、配电柜、空置备用区域<br>垃圾、破布、废纸、废料、废水、废油 |
|  | 50mm 宽　红白斑马线胶带 | 危险、禁入区<br>返修区 |

图 13.1　原色标规范

| 级别 | 颜色 | 规格 | 定义 |
|---|---|---|---|
| 主色 | | 50/80/100mm宽　黄色胶带/油漆 | 警示/分割：主要功能区划分、通道 |
| | | 50/80/100mm宽　绿色胶带/油漆 | 正确/合格：功能区域内地面颜色（分割线建议选用黄色） |
| | | 50/80/100mm宽　红色胶带/油漆 | 禁止/不合格：功能区域内地面颜色（不良品、报废品、消防设施、危险、禁入区、返修区） |
| 辅助色 | | 50/80/100mm宽　蓝色胶带/油漆 | 服务性设施、辅助生产设备 |
| | | 50/80/100mm宽　白色胶带/油漆 | 主要生产设备、工装、检测仪器、物料箱、成品箱等 |
| 备用 | | 50/80/100mm宽　黑黄斜纹胶带/油漆 | |
| | | 50/80/100mm宽　红白斜纹胶带/油漆 | |

图 13.2　新色标规范

**4. 分析总结**

经过与现场当事人的反复沟通后，大家一致同意采用新色标规范。再经过一段时间的整改和落实，现场秩序和整洁度得到了明显改善。从这个案例可以看出，要想改变群体行为和习惯，其中一个重要的方法就是改变规则。

## 第三节　如何做好流程管理

### 一、构建体系

没有完整的体系，就无法实现全面管理。做好流程管理首先要构建全面完整的管理体系，它应该包括所有核心环节与模块，符合相互顺序和内在关系。在体系管理上应选用适合的信息沟通媒介和工具，便于呈现和应用，比如，以往大多数企业采用纸质文件化手册，如今很多企业会利用局域网或APP，建立共享的文件系统。

### 二、抓住重点

在企业管理中，对绩效影响最大的往往都是那些关键过程和岗位，因此，应该重点关注关键过程、岗位的程序和作业指导书。

### 三、与组织和器具匹配

保障体系共有三个支柱，除了组织和流程之外，还有一个支柱是器具，它是指为完成某项任务所需的设施、设备、工具和量仪。要实现流程卓越，它还需要与组织和器具实现匹配。在制定流程规则时，应充分考虑人员的认知和技能，符合组织结构和职责划分，这是流程与组织的匹配。因为组织结构确定了基本的权责，而流程确定了各职责在每一项具体事务中的行动要求，二者是相辅相成的。在制定流程规则时，还应该充分考虑器具的特征和要求，符合设施、设备、工具和量仪已经预设的基础和条件，因为流程的核心内容就是明确如何利用器具来完成既定的任务。

### 四、保持有效

流程中的程序、作业指导书和运行记录等需要持续保持有效，并与实际相符合。只有这样才会起到指导作用，否则，就会产生浪费，无法产生积极作用。

### 五、高效沟通

流程存在的目的在于创造价值，创造价值的前提是便于当事人的应用，为此，好的流程应该实现文件化、电子化、目视化，易于查找、存储、传递，采用先进、适用的信息工具，实现全员全系统的高效沟通。

### 六、及时检查

流程规则是否能够得到贯彻与执行的关键之一是检查，只有及时检查与纠正，才能让整个体系保持有效并持续改善。

## 小　结

流程就是企业运营管理规则的总称，它是企业保障体系三支柱之一。每个企业都有流程，而且规模越大，运营体系越庞杂，管理难度越高，也就越需要制定流程规则。流程的作用就是通过标准化、程序化和规范化，降低异动，实现规模化，从而降低人为管理的难度系数。

一个企业的全部流程可以分为四类，即管理体系、管理程序、作业指导书和规章制度。其中，管理体系是指为实现组织目标而将同一范围中存在内在紧密联系的事物、过程、活动和职能，按照一定的秩序和结构进行组合，并建立程序、规范和制度进行专项管理的系统。管理程序是为管理某个过程所建立和实施的方针、措施和步骤，它是管理体系的下一级文件和工作规则，它的管理对象是某个过程。作业指导书是其再下一级文件，它是为了完成某项或某类任务而专门编写的指导性文件，与管理程序相比更详细、更具体、更单一和便于操作。规章制度是指除了管理体系、管理程序和作业指导书之外的，企业内部各部门单独制定的、比较零星的制度和要求。这四个类别共同构成了企业管理的全部流程规则。如果将企业经营中的流程做个比喻，那么，管理体系就是网，管理程序就是线，作业指导书就是点，规章制度就是零星的管控单元，它们共同构成了一个有机的、覆盖整个企业的管理规则，与组织和器具一同保证企业的稳定运营。

要做好流程管理需要系统化的构建与实施：第一，需要构建体系，没有完整的体系，就无法实现全面管理；第二，需要抓住重点，应该重点关注对绩效影响最大的过程和岗位的流程规则；第三，与组织和器具匹配，流程与组织、器具彼此间始终相辅相成、相互影响，要保持它们的一致性；第四，保持有效，如果流程规则与实际不一致,那么它们不仅没有起到作用,还给企业带来了困惑和负担;第五,高效沟通,只有易于沟通和传播的流程规则才更能够创造价值;第六,及时检查和纠正,让整个体系保持有效并持续改善。

思 考 题

1. 什么是流程管理?
2. 企业组织和流程哪一个更重要?为什么?
3. 一个企业中的流程分为哪几个类别?
4. 一个企业如何才能做好流程管理?

# 第十四章
# 保障层之器具管理

要实现企业的卓越运营，不仅要做好组织管理和流程管理，企业还应选用先进的设施、设备、工具和量仪，这里称之为器具。本章探讨的主题就是器具管理。

## 第一节 什么是器具管理

工欲善其事，必先利其器。对于企业运营来说，如果没有先进适用的设备工具，就无法实现卓越运营。

### 一、器具管理的定义

器具就是企业运营所需的设施、设备、工具和量仪的总称，它是实现卓越运营的基础条件之一。

器具管理就是为实现运营目标而对企业器具进行策划、执行和控制的活动与过程，它是保障层的第三个支柱。

### 二、器具职能的属性

1. 器具是企业硬实力

要实现卓越运营，企业需要获得多种经营要素和条件，如战略、团队、流程等，也包括器具。其中，设施是场所和条件，设备是加工中心，工具是辅助装备，而量仪是检测仪器，所有这些都是实现卓越运营的硬实力。

2. 器具是运营的基础条件

一个企业的主要绩效表现包括品质、成本与交付，它们都会受到器具的影响。器具影响品质，很多产品是依靠设备工装做出来的，如果设备工装很差，那么产品也好不了。器具影响成本，设备性能决定运营效率，运营效率决定运营成本，无论是生产与物流，还是检测与办公，设施、设备、工具和量仪都会影响运营成本。器具影响沟通，信息沟通工具先进与否直接影响整个运营及供应链的沟通效率和效果，比如，ERP 是集成信息沟通平台，EDI 是企业间数据传递工具，条码扫描是替代输入的信息采集装置，它们的使用大大提高了信息沟通的能力。器具影响客户准时交付率，如果设备经常出故障，工单就不能准时完成，进而会影响客户准时交付，造成客户不满意。所以，器具是企业实现卓越绩效的基石之一。

3. 器具是核心竞争力的来源

打造核心竞争力是企业赢得市场竞争的关键。如何打造核心竞争力，方法之一就是构建领先的生产制造能力，其中，器具是影响生产制造能力的重要因素。在现实中，硬件实力差的企业往往效率低、品质差、成本高，器具是企业核心竞争力的载体。

## 第二节　企业器具的类别

一个生产型企业的器具大体分为四类，即设施、设备、工具和量仪。

### 一、设施

设施是指为保障企业运营而构建的基础性建筑或条件，它们不直接参与生产制造，而是为之提供基础保障，如厂房、场地、通道、仓库、货架、装卸平台、办公场所等，它又可以细分为生产设施、物流设施、办公设施和其他。

生产设施的目的是保证生产的顺利进行，如厂房、场地等；物流设施的目的是保证实物流转的顺利进行，如仓库、货架、装货平台、物流通道等；办公设施是指办公场所、办公桌椅等。除此之外，设施范围还包括辅房、绿化带、工厂围栏、安保装置等。

### 二、设备

设备是指在企业经营中具有独立功能的，直接参与生产加工、物流周转或其他运行的机器，又细分为生产设备、物流设备、检测设备、办公设备等，比如，锻压机、热处理炉、数控加工中心、组装线、空压机、发电机等都是生产设备；而货车、拖车、叉车、打包机、标签机等是物流设备。生产型企业的核心是"转化"，这也正是生产设备的功能，设备的先进与否直接影响着企业的能力。物流设备、检测设备等属于配套装备，对企业运营也都是非常重要的。

### 三、工具

工具是指企业生产经营中所需要的、具有一定功能的各种辅助装备，如模具、刀具、夹具、卡具、检具、手动维修工具、工业软件、办公软件等。决定生产能力的不仅是生产设备，还有工具，它们具有专项功能，承载着技术和诀窍。比如，模具和刀具影响产品形状、尺寸及性能，夹具、卡具和检具影响质量和效率，工业软件影响工程设计能力，而办公软件影响办公效率。图15.1所示就是工具使用不当的后果。显而易见，努力+错误的工具=没结果。无论你多么努力，如果用错了工具，就永远不会得到预期的结果。

图 14.1　工具不当的后果

## 案例 14-1　数量复核需要先进适用的工具

**1. 问题描述**

与实物打交道的人都可能遇到这样的课题——如何保证每个包装箱里的数量正确，这就是数量复核。比如，生产团队将完工入库的一箱货物转给仓库，包装箱标签显示箱内有 100 件产品，那么，仓库团队在接收时如何进行快速复核，防止混料或溢短装呢？

**2. 问题分析**

数量复核不仅需要正确，还需要快速，并且不能影响产品品质。比如，二次清点法，它适用于大件货物而不适用于小件货物，一是因为效率低下，二是因为容易造成品质受损。再比如，单独称重法，即在接收时通过称重来复核箱内装载数量，它比二次清点更快捷且不损伤产品，它的基本要求是：采用标准包装物和标准装载数量，且电子秤精度与料件重量偏差相匹配。可它们的效率依然不够高，每次称重都要搬运、计量和登记，费时费力。

**3. 解决方法**

（1）在线称重法（图 14.2）。

这种方法与单独称重法的原理相同，先进的地方在于它将电子秤直接安装在传送线上，在货物移动的同时完成称重。图 14.2 中，在辊道传送线上安装电子秤，用叉车将一托托物料从左侧放置到传送线上，当一托物料被推到称重区段时，作业员进行称重，确认无误后再打印称重标签，注明重量、数量、称重时间等信息，并粘贴在包装箱上，之后将物料沿辊道移动。在移动和传送的过程中，作业员还能实施包装作业，如打包、打印托盘标签等。这种方法的好处是：既能称重计数，又能同步实施包装作业，可靠性高，作业效率高，这种方法被越来越多的仓库采用。

(2) 联线称重法（图 14.3）。

这种方法将称重计数工作变成生产线的一部分，布置在生产线末端。当生产完工后马上就进行封箱、称重和粘贴包装标签，更有甚者还会在该工位上安装摄像头，用来记录作业过程以便复查。这种方法不仅做到了数量复核，还做到了快速，不损伤产品，尤其是它做到了一次完成，不需要二次移动。

图 14.2　在线称重法

图 14.3　联线称重法

### 4. 总结

在现实中，实物数量复核始终是个难题，其难点在于如何同时实现"数量正确、质量保障和作业高效"，其中，电子称重不失为一个好方法，但仅仅称重还不够，还要将它与其他作业（如传输、打包等）进行联线，这样效果会更佳。但要注意，电子称重法的前提是产品标准化和包装标准化，否则是行不通的。

### 四、量仪

量仪是指企业生产运营中所需要的、具有专业功能的、用于检测计量的仪器和仪表等装置。人们常说，影响生产质量有六个要素，即人、机、料、法、环、测，而量仪就是"测"，检测能力也是决定生产能力的核心要素之一。量仪的种类非常多，比如，尺寸测量的游标卡尺、千分尺、高度尺、三坐标，强度测量的拉力试验机，化学成分测量的光谱仪，产品缺陷检测的涡流探伤仪、着色探伤仪，以及压力表、温度计、湿度计等。

## 第三节　如何实施器具管理

### 一、企业器具的选择

器具管理的首要任务就是做好器具选择，它既关系到企业投资，又会影响运营效果及企业核心能力。其中，有三个决定因素，即客户需求、企业战略和运营诉求。

#### 1. 客户需求

企业存在的意义就是为客户创造价值，如果客户需要高品质的产品，企业就要选择高端设备、精密模具和高精量仪；如果客户需要价格便宜的产品，企业就要选择低廉装备。如果客户的单品需求量很高，企业会采用专线生产；如果客户的单品需求量很小，企业会选择共线生产。客户是影响器具选择的首要因素。

#### 2. 企业战略

在器具选择中，企业并不总是被动的。为了赢得市场竞争，除了考虑客户因素外，企业还要考虑如何实现差异化和领先性——构建自己的战略。企业应进行市场细分，选择特定客户群作为目标市场，并选择特定的设备、设施、工具和量仪。企业战略决定器具。

#### 3. 运营诉求

影响企业运营的因素是多方面的，如人力、财力、物力、客户、供应商、企业内部等，它们都会影响企业决策，也会影响企业的器具选择。比如，企业聘用了一位优秀的产品工程师，为了更好地发挥作用，他会根据自己的判断要求公司配备新型的软件或硬件；再比如，因为出现了某个客户投诉，为了降低风险，企业可能会增加防呆检具。因此，运营诉求对器具选择的影响不可忽视。

## 案例 14-2  联线生产与分体生产哪个更好

### 1. 现象描述

曾经在网上见过一个示意图，它把一个工厂描绘成一个联线的 U 型生产线，只要在这端投入原材料，在另一端就可以拿到成品，无需备库存，无需长时间等待，甚至也不需要操作工，这样的工厂好神奇！联线模式真是那么好吗？

### 2. 二者对比

联线模式就是整个生产线上所有工序紧密衔接、融为一体，变成一道工序，中间不间断，加工件连续一次流转，没有缓冲和停滞。分体模式是指一个生产线由若干工序组成，工序间存在等待和间歇。在现实中，这两种模式都是非常普遍的，它们也各具优势。联线模式的优势包括效率高、人手少、品质好、库存低和场地小。如果把多个工序链接在一起，只要订单量足够大，运转正常，它的优势就非常明显。然而，依然有很多企业选择分体模式，尤其是中小企业，原因是订单量不大和生产过程难以稳定。首先，联线模式的生产线是专线，专门加工同一种产品，分体模式的生产线可以是专线也可以是共线，决定专线与共线的核心因素就是客户订单量的大小。其次，生产过程稳定性高低影响模式选择。生产过程具有多因一果特征，其中任何一个要素不稳定都会影响产出。如果采用联线模式，一旦其中一台设备停机，整个生产线就要全部停机。而分体模式下，一旦某台设备停机，只会损失这台设备，其他设备影响不大，这就是分体模式的优势。

### 3. 结论

联线模式和分体模式各具优势，模式选择主要取决于客户订单量的大小和过程稳定性的高低，这是企业设备选择的一个重要课题。

## 二、企业器具的使用

如何使用器具由两个因素决定，一是器具本身的使用和操作要求，二是使用者或操作者的技能和习惯。每个装备都有它的使用要求，比如，一辆汽车的时速是有上限的，普通汽车的最高时速不会超过 250 千米/时，设备与此类似。除了速度之外，还有很多方面的限制，如压力、加工件尺寸、材料强度、设备载荷、夹持方式等。设备还需要进行定期保养，如移动部件需要润滑、磨损部件需要更换。设施、工具和量仪的使用虽然不像设备要求那么高，但也非常类似。以下介绍几种主要方法。

### 1. TPM（全员生产维护）

TPM（Total Productive Maintenance）是以提高设备综合效率（OEE）为目标，以全系统的预防维修为过程，全体人员参与为基础的设备保养和维修管理体系。要达到 TPM 的目的，第一，要形成自主保养体制，即自己的设备自己保养，运转部门是自主保养活动的主责部门。第二，在运转部门自主保养的基础上，保养部门有计划地实施设备修复和改善保养。此外，为追求设备效率极限，最大限度地发挥设备效能，还要不断对设备进行重点改善。

2. SMED（快速换模）

SMED（Single Minute Exchange of Die）是一种快速和有效的切换方法，能显著缩短产品换模时间和调机时间，对于提升共线生产的效率作用显著。SMED的关键在于区分线内作业和线外作业，并将线内尽可能地变为线外，然后努力缩短作业时间，并且实现程序化和标准化。

SMED转换可以分为五个步骤，以下作简单介绍。

第一步：观察当前过程。观察从换线前最后一件产品结束直至换线后第一件合格产品产出的整个换线过程，记录所有动作、时间和改善机会。

第二步：区分线内转换作业和线外转换作业。

第三步：消除线外作业的浪费。尽可能将线内作业变为线外作业，实施线外作业标准化，并在停机前完成线外作业准备。

第四步：消除线内作业的浪费。常规的方法包括平行作业、旋转式一次锁定方法、触摸式夹钳系统、工具放置的方法/位置统一、工具的尺寸统一、螺钉头尺寸统一、详细的工具更换表、改良设置避免调试等。

第五步：持续优化并实现标准化。通过模具优化、作业优化、过程优化和标准化，可再现模具与设备的匹配参数，整个切换过程快速而稳定。

3. 提高数字化水平

这里的数字化就是指将企业运营中的各种关键信息转化为计算机能够识别和处理的0和1数字信号，这样有助于实现快速处理，易于集成、互联、远程使用和自动控制。传统信息大多是模拟信号或三维信息，如压力、温度、速度、位置、数量、颜色、空间、进度等，这就需要利用现代技术进行数字转化，从而实现企业管理的可计算化和网络化。近年来，国家正在大力推行数字化赋能工作，将移动、互联、大数据、人工智能、MES等现代信息沟通技术运用到制造业、服务业及现代社会，助力于服务质量提升、运营效率提升和价值创造。

## 案例14-3 ERP升级不仅是软件升级

### 1. 案例背景

L企业是一家生产型企业，随着业务规模的发展，现有的ERP使用状况已经无法满足运营的需要，考虑进行升级。

### 2. 现状与痛点

当前使用的ERP是用友U8系统，主要问题包括库存记录不准确且无法快速查询，一个物料存在多个物料编码（一料多号），供应商发票与仓库入库单不匹配，采购订单没有在ERP系统中生成，在线制作、仓库库存台账中没有录入物料批次号，无法实现快速追溯，仓库没有采用库位管理等。简而言之，ERP系统使用混乱，造成企业运营效率低下、财务账目不清，不能满足企业内部运营及外部客户的要求。

### 3. 深度分析

以上问题只是表象，深度分析后发现，造成这种现象的原因有两个，一是当前ERP配置低下，比如，仅选用了存货模块，而没有选用采购模块、销售模块、生产模块、质量模块等；缺少了采购模块，采购订单就只能在系统外制作，效率低下且无法做到采购订单与仓库入库单的协同匹配。二是对ERP认知不足，比如，企业的物料编码混乱导致一料多号；供应商档案、客户档案、采购合同、销售合同及仓库基础设置等缺失或不完整，导致系统功能低下。这些是根本性的原因。

### 4. 策略选择

考虑当前团队认知水平及运营需要，企业选择了分期升级策略，目的是既满足需要又避免压力大而使升级失败。第一期：增加模块、优化使用并满足基础运营，包括增加采购模块和销售模块，建立完整的基础档案（物料档案、客户档案和供应商档案），将采购订单的制作转入系统内完成，充分利用现有系统中的WMS、重新设置仓库、使用系统内的批号管理，实现系统内按批号追溯等。第二期：引入二维码扫描技术及标签标准化以提升效率，包括在仓库引入了二维码扫描技术，并细化仓库内库位管理、供应商端和客户端的标签管理等，大幅度提升运作效率，减少人员操作。第三期：全面升级，包括增加生产模块和质量模块等，制定完善的BOM和工艺路线，运行MRP自动运算，将EDI、ASN等全部嵌入ERP等。

### 5. 效果分析

目前，ERP升级已完成前两期，总体过程险象环生，并不容易。第一，物料编码问题。物料档案是做好存货管理的基础，其中最重要的莫过于物料编码规则。为此，团队根据本企业的产品结构特征、预期物料编码使用数量等制定了一套简短而易用的编码。第二，基础信息问题。除了物料档案，ERP系统还需建立供应商档案、客户档案、合同等，它们需要多部门支持，也费了周折。第三，采购订单制作由系统外改为系统内。与之前相比，采购价格不需由计划员手工录入而是由系统自动带入，提高了效率，但同时也需要采购员将系统中的采购价格及时更新。第四，增加扫描枪、无线网络和打印机，并要求供应商修改标签格式来满足二维码扫描。这种变化既有硬件改变，又涉及收发货流程规则的修改。第五，组织结构和人员培训问题。ERP升级同步带来了组织结构的变化，为保证使用正确和高效，专门指定了ERP管理组织，包括超级用户、关键用户和一般用户，其中，超级用户负责整体培训和问题处理，关键用户负责本部门的培训和问题解答。

### 6. 感悟与教训

ERP本身既是一个工具，又是一套组织分工和流程作业的规则，ERP升级不仅是一个信息平台工具的更新，更是组织和流程的更新。器具、组织和流程三者相辅相成、相互影响，一旦某一个支柱发生变化，其他两个支柱也需要发生相应变化。

## 三、企业器具的评价

评价一个企业的器具是否卓越的基本标准，就是看它是否满足企业运营的需要并具有领先性，主要表现为布局合理、物流顺畅、距离最短、高效高质、运转稳定、维护到位等，现列举如下。

1. 基础设施

企业的厂房、场地、通道等须充分满足需求，布局合理、路线顺畅，并且能够展示企业的良好形象。

2. 生产设备与工装

企业的核心生产设备须具有行业竞争力，高效高质、运转稳定，具有行业领先性，并且维护保养到位。

3. 物流装备

企业的车辆、仓库、货架、叉车、打包机、标签机等物流设施设备必须能够完全满足需求，布局合理、路线顺畅并保持先进。

4. 检测装备

企业的检测设备、仪器等须完全满足需求并具有行业领先性。

5. 信息沟通工具

企业须拥有先进适用的信息沟通系统和工具，如 ERP、电子邮箱系统、EDI、Barcode、ASN、MES、WMS、Intranet、信息存储系统等，实现跨职能、跨组织的高效集成、协同联动。

## 小 结

器具就是设施、设备、工具和量仪，它是企业运营的硬件基础，是企业核心竞争力的来源，也是企业保障层中的三个支柱之一。器具管理的首要任务就是做好器具的选择，它既关系到企业投资，又会影响运营效果及企业核心能力。其次是做好器具的使用，其核心在于做好全员生产维护和快速换模并提高数字化水平。评价一个企业的器具是否卓越，其基本标准就是是否满足需求、高效合理并具有领先性。

## 思考题

1. 什么是器具管理？
2. 器具的作用是什么？
3. 如何选择企业器具？

# 第十五章
# 控制层之绩效管理

经验表明,无论策划多么完美,只要缺少检查纠正,就很难做到持续正确地执行,更难以取得预期结果,检查纠正及奖惩是保证企业健康运营的一个重要手段,这便是本章的主题——绩效管理。

## 第一节 什么是绩效管理

### 一、绩效管理的定义

绩效管理就是为了达成组织目标并持续提升个人、部门和组织的绩效,企业制定绩效目标、实施检查、协助纠正并落实考核奖惩的一系列管理活动和过程。

进一步说明,绩效管理的机制是对组织或个人设定合理目标和激励约束机制,通过有效的检查计量和绩效评估,识别成绩与不足并协助纠正偏差,对有贡献的行为和结果进行激励,对有负面影响的行为和结果进行约束,从而促进组织目标的达成和持续进步。

### 二、绩效管理的作用

绩效管理是企业运营管理体系中的关键工作之一。员工是企业中最具能动性的资源,只有持续激发员工的上进心和战斗力,才能实现企业的健康发展。绩效管理的核心就是检查与激励,从而鼓励符合组织目标的行为,促使组织目标的达成。

绩效管理是PDCA中的C(检查)。PDCA,又称戴明环,它是一种公认的简单有效的管理手法,其中,P(策划)、D(执行)和A(纠正)都很重要,而C(检查)常常被人忽视。如果C(检查)不到位,就无法及时发现策划的失误和执行的偏差,也就无法及时调整和纠正。控制层的绩效管理就是C,它的作用是检查运营过程是否符合企业战略和方向。如果缺少有效的绩效管理,整个系统就无法形成闭环,就存在失效的风险。

## 第二节 绩效管理的KPI

企业是一个持续经营的经济体,衡量运营绩效的基本方法就是评估KPI(关键绩效指标）是否达成。尽管企业各不相同，但绝大部分绩效指标是相通的。所有运营绩效指标可以分为四类，即公司级绩效指标、运营级绩效指标、职能级绩效指标及岗位或个人绩效指标。其中，公司级指标是一级指标，用来衡量整个公司的经营绩效；运营级指标是二级指标，用来衡量企业运营中跨职能的绩效；职能级指标是三级指标，用来衡量某些专项职能的绩效；而岗位或个人指标是四级指标，用来衡量基层岗位或个人的绩效。它们共同构成了一个金字塔结构的绩效指标体系，以下分别介绍。

## 一、公司级指标

1. 利润或利润率

赚不赚钱是衡量一个企业运营好坏的显性指标，这就是我们常说的利润。计算一款产品利润的公式是：利润=售价-成本。但对于一个多产品的生产型企业来说，利润计算要比这复杂得多。除了直接物料和人工成本外，很多成本难以做到准确分摊（如折旧成本、辅料成本和管理成本等）；而且，利润不等于现金收付，因此，专业财务人员会说，利润只是一个财务指标，不能完全反映一个企业的真实盈利水平。但即便如此，利润额或利润率依然是衡量企业运营绩效的首选指标。

2. 销售额或销售额增长率

销售额或销售额增长率是呈现企业销售业绩的指标，运营的目的就是促进销售业绩增长，通过业绩增长来实现利润增长。所以，这个指标也非常重要。

3. 资产收益率

资产收益率是衡量企业财务资源效率的指标，效率决定成本，成本影响利润。其中，库存周转率是资产收益率下的一个子项指标，它反映了存货形式的资金利用效率，而除此之外，资产收益率还涉及其他资产的利用效率。

本书的重点是企业运营管理，侧重于企业内部运作范畴，但在制定企业的运营绩效指标时却无法回避利润、销售等与市场营销、财务筹划等外部活动相关的公司级宏观指标，原因是企业经营是一个整体，宏观指标与内部运营是密不可分的，所以，必须把它们作为基础。至于如何使用，管理者可以根据企业自身需要做出选择。

## 二、运营级指标

1. 重大安全异常次数

这里的安全是指EHS，即环保、健康和安全，重大安全异常是指重大事故或事件，具体由不同企业自行定义。任何事故或事件都可能会给企业带来巨大损失，甚至威胁企业的生存，重大安全异常次数是衡量企业安全、环保和健康管理水平的一个重要指标。

2. 客户投诉率

企业存在的意义就是为实现客户价值，客户对企业来说至关重要，而客户投诉率（或投诉次数）是衡量客户满意度高低的一个重要指标。

3. 客户准时交付率

客户准时交付率（On-Time Delivery，OTD）是指按时交付批次占总交付批次的比例，是衡量客户满意度的一个基本指标。一旦未能及时满足交付要求，往往会造成罚款、商誉损失和丢失客户的后果。

4. 产品不良率

计量产品不良率的常用指标是 DPPM，即每百万件产品的缺陷率，用来衡量企业的质量管理水平，有些企业也会用报废率代替。如果一个企业的产品质量不佳，整个企业运营和供应链体系就可能陷入混乱和低效。

5. 人均产出率

人均产出率也称人效率，是衡量企业人员效率的重要指标，人员效率的高低始终影响着企业运营的成本。

6. 库存周转率

库存过低会造成生产中断，库存过高又会占用大量资金。库存周转率是指企业存货的周转频率，它是衡量企业资金效率及运营和供应链管理水平的重要指标。

7. 超额运费率

超额运费率是指为应对供应链异常所发生的额外费用与总运费的比值。一旦供应链发生异常，企业不得不采取紧急补救措施，其中通常会发生大量额外运费，因此，超额运费率可以反映企业运营及供应链管理水平。

### 三、职能级指标

1. 员工满意度

员工是企业最重要也是最具能动性的资源，员工满意度的高低对企业运营绩效影响巨大，其中，员工离职率是衡量员工满意度最直接、最有效的指标。

2. 库存记录准确率

库存数据是企业运营管理的基础数据之一，库存记录准确率能够衡量一个企业库存数据的可靠程度，也是衡量企业管理水平的重要指标之一。

3. 生产计划达成率

在所有影响客户准时交付率的因素中，生产计划达成率无疑是最重要的一个。它由计划部门制定，并由生产部门履行，能够同时反映出这两个部门的订单履行能力和管理水平。

4. 综合设备效率

综合设备效率主要用来衡量设备的实际生产能力与理论生产能力的达成比率，可以清晰地看出设备的使用效率和管理水平。

5. 产品运费率

超额运费率只反映企业运营和供应链过程的异常程度，而产品运费率能够反映出企业的物流成本控制水平和管理能力，它是对超额运费率指标的补充。

6. 供应商准时交付率

供应商准时交付率的高低会直接影响企业生产运营的效率和成本，它是体现供应商绩效水平的重要指标之一，直接反映供应商的绩效表现以及企业供应商管理部门的能力，必须予以重视。

### 7. 供应商不良率

如果供应商产品不良率很高,那么必然会影响供应商的准时交付率和响应能力,它是体现供应商绩效水平的另一个重要指标。

## 四、岗位或个人指标

所有的工作都是由人来完成的,因此以上所有考核指标最终都会落实到各个岗位或个人,并通过考核体系与薪酬体系挂钩。岗位或个人绩效指标一般会分为定性和定量两个类别,具体内容包括工作业绩(如工作目标完成度、工作效率和工作创新)、工作态度(如积极性、纪律性、团队合作性和责任感)、出勤、安全等。不同岗位会根据实际需要进行调整,目的是更好地激励和约束员工为组织目标而共同努力。

## 案例 15-1 简单月度考评助力团队卓越

### 1. 背景介绍

L公司是一家生产型企业,员工有200人,市场稳定。为实现运营稳定,实现公平、公正且考核简洁高效,需要建立一套月度考核机制。为此,企业制定了"月度工资+月度绩效+年终奖"模式,其中,月度考评是它的核心部分。

### 2. 薪酬分类

全员薪资模式分为三类:(1)针对一线员工,采用"月度基本工资+月度计件工资+年终奖"模式;(2)针对辅助员工和白领,采用"月度基本工资+月度绩效奖金+年终奖"模式;(3)针对部门经理,采用"月度固定工资+年终奖"模式。

### 3. 月度绩效考评

月度绩效考评与月度奖金挂钩,企业的初衷是:(1)尽量足额发放奖金;(2)找出绩效偏差与不足。具体做法是:(1)不同岗位设置不同指标,主要包括目标达成率、安全、出勤、合作性、创新等,指标总数最多不超过10条;(2)不同岗位设定不同指标权重,既有定性,也有定量;(3)绩效值分为四档,即100—96分者按全额发放奖金,95—80分者按80%比例发放奖金,79—60分者按60%比例发放奖金,低于60分者奖金为0。此外还规定,如果绩效分值低于95分,主管必须与当事人沟通,必要时制订提升计划。

### 4. 原则与宗旨

(1)以足额发放为目标,坚决避免克扣员工薪资;(2)以公平、公正为原则,管理者利用奖金机制约束不良行为;(3)评定和奖惩要及时。

### 5. 综合分析

一个企业总是由不同角色、不同人员组成,有效的薪酬机制是必须的。公平是基本原则,薪酬是由贡献决定的,贡献由员工的行为决定,因此考评体系需要区分不同员工在不同时期的绩效表现。基层员工关注短期利益,高级管理者关注长期利益,薪酬机制应该区别对待。定量和定性都是需要的,二者兼顾最佳。考评也是有成本的,企业考评不应过于复杂。L公司的考评体系简洁有效,符合这些原则,执行效果很好。

## 第三节 如何实施绩效管理

一个企业的绩效管理工作可以分为四部分，即设定目标、实施检查、纠正偏差和落实奖惩，以下分别介绍。

### 一、设定目标

#### 1. 设定目标的意义

没有目标就没有方向，管理是不能没有目标的。设定目标就是为团队和员工确立具体方向和指标，告诉大家企业"鼓励什么和不鼓励什么，需要做到什么程度以及会得到怎样的收益"，它也是事后考核员工和部门的依据。

目标设定不是一成不变的。行业不同、企业不同、阶段不同、部门不同、岗位不同，管理者思路不同、企业运营战略不同，所设定的目标和指标都会不同。兵无常势，水无常形，企业目标的设定体现了企业的发展方向，也体现了管理者的思路和水平。

#### 2. 目标设定的要求

第一，应依据组织目标。设定目标的目的是助力于组织目标的实现，为此，每个职能部门和个人的目标都是组织目标的分解，而且各细分指标还需要相互补充、有机结合，助力整体目标的实现。

第二，应抓住关键指标。20/80法则告诉我们，一个企业80%的收益往往来自关键20%要素的贡献，管理工作也不例外。设定目标时应抓住重点、抓住关键，不同指标设定不同权重，避免一视同仁，避免指标设定过多过细，同时还要考虑轻重缓急，持续改善。KPI中的Key就是关键和重点。

第三，应分级分层。企业的组织结构是分层的，指标设定也应该分层。每一层都有它的KPI，同层级内不同岗位的KPI应相互协同补充，这样，整个组织才能够成为有机的、有战斗力的整体。

第四，应定量定性并举。有人说，所有指标都应该量化，这是错误的。因为做不到，也无须做到。全面量化的成本巨大而得不偿失，况且有些绩效表现无法量化，如工作态度、工作意愿、担当等。评价与判断的最好方式是客观与主观相结合、定量与定性并举。

第五，应遵循SMART原则。SMART中的S是Specific（具体的），M是Measurable（可计量的），A是Attainable（可实现的），R是Relevant（具有相关性的），T是Time-bound（以时间为维度）。好的绩效指标应该是具体的、可计量的、可实现的、与总目标相关的，并且明确了考核时限。

第六，应便于检查计量。检查是有成本的，如果设定的指标不便于检查和计量，管理效率和效果都会大打折扣，为此，指标设定时应考虑其便利性，即易于监测、计量和考评。

第七，应与员工充分沟通。设定目标的目的是激励员工，而不是发放奖金或者处罚员工，因此，沟通至关重要。只有充分进行事前沟通，才能赢得员工的理解和支持，并最终转化为员工的积极行为。

## 二、实施检查

1. 检查的意义

经验丰富的管理者都知道，在执行过程中出现一些偏差或异动是再正常不过的事情了。要想始终达成目标，不仅要精心策划和严格执行，还要适度检查。通过检查，及时发现偏差，实施纠正，做出调整，才能让整个行动无论经受怎样的变化都依然走在正确的道路上。

2. 检查工作的要求

第一，要依据目标。检查的目的是保证既定目标的实现，因此，要做好检查，就必须以组织目标为基准，制定细分检查计划和清单。一旦脱离目标，检查工作就会失去方向。

第二，要抓住重点。制定目标需要抓住重点，检查也需要抓住重点。目标过于细碎、不分轻重，不仅不会取得好的效果，还会降低效率并影响整个工作的进程。

第三，要分级分层。企业的规模不同，管理的复杂度不同，检查工作的精细度也不同。简单而有效的做法就是通过分级分层，将大目标分解为小目标，才能做到具体而明确。

第四，检查频率要适中。检查时间点对于发现异常和及时纠正是非常重要的。如果时间间隔过大，可能错过最佳时机，造成损失过大；而如果时间间隔太短，又会降低工作效率。因此，企业需要特别重视检查的时间点及频率。影响频率的因素主要基于风险的大小和采用应对措施的提前期长短，具体问题要具体分析。比如，班组日会是对每天工作的检查；部门周会是对每周工作的检查；管理层月会是对每月工作的检查。管理层级越低，检查频率越高；管理层级越高，检查频率越低。除了定期检查外，针对特定事项可以进行专项检查，从而建立全员全体系的检查机制。图15.1月度库存报告是L企业进行月度库存分析和报告的模板，不仅呈现了金额，还呈现了周转率；不仅呈现了总额，还呈现了各细分类别。在实践中，计划团队还进行原因分析，并给出了纠正措施。

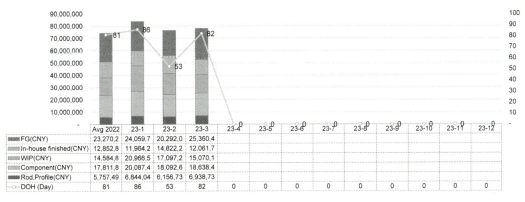

图15.1　月度库存报告示例

第五，检查工具要适用。先进适用的检查工具不仅能提高检查效率，还能取得很好的效果。比如，点检表既能用于检查，又能张贴于现场用来展示和汇报，投入少、效率高、效果好。再比如，L 企业计划部门的《周度库存检查表》，通过快速比对现有库存量和未来客户需求量而得出库存可覆盖天数，用以判断库存高低，速度快、效果好。

第六，检查结果要目视化。目视化的好处是建立公平、公正、公开的团队氛围，并有利于团队的高效沟通，这是非常必要的。

### 案例 15-2　一个点检表解决大问题

很多人都学过 5S（整理、整顿、清扫、清洁、素养），却总是做不好，其中一个原因就是缺少适用的点检工具。

图 15.2 中的 5S 点检表就是一个非常好的工具，它包含了点检所需要的所有要素，简单明了又能始终张贴上墙，实现目视化。

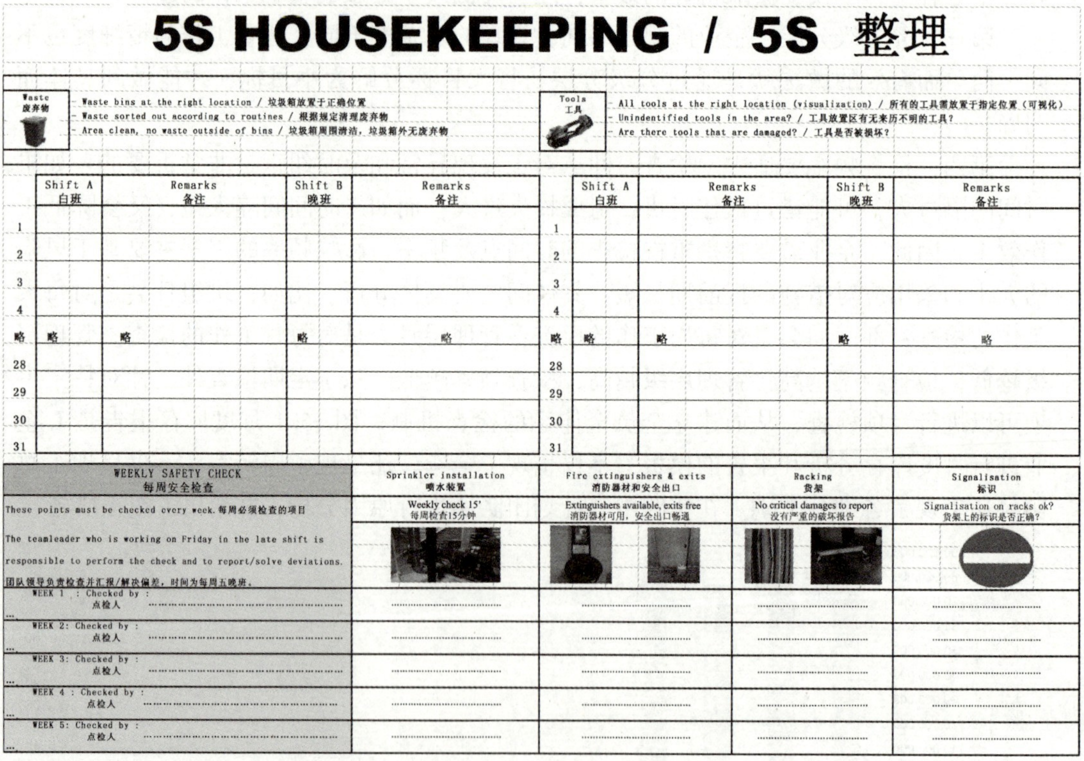

图 15.2　5S 点检表示例

点检表里需要包含很多内容，比如，(1) 点检对象描述，用图示和文字进行说明；(2) 点检时间要求，列明每月 1 日到 31 日及白班或晚班；(3) 点检结果填写，留出签名栏、备注栏及主管的周度检查记录栏。如果每一个现场都能够采用这样的工具表，张贴在看板上，每月更换一张，做到明确具体、分层分级、检查要求与结果集成一体、目视化，既实用又高效，既受到员工喜爱又得到管理者青睐，何乐而不为呢？

### 三、纠正偏差

1. 纠正的意义

纠正就是对异常或偏差进行原因分析、实施改正和遏制，并采取预防措施来消除未来的风险。

2. 纠正工作的要求

第一，要及时遏制。一旦有些问题持续发酵，不能及时遏制，损失就会迅速扩大，因此，必须采取及时的遏制措施。

第二，要找到根本原因。任何问题的产生都是有原因的，只有改变因，才会得到果。而且，只有找到根本原因，找到底层逻辑，才有机会彻底解决问题。

第三，要坚决改正。纠正行动不能流于形式，不能拖拖拉拉，不能避重就轻，只有做到一次又一次坚决、彻底地改正，整个体系才能持续健康地运行。

第四，要注重预防。解决问题的最佳方案是预防，因此，纠正后还要检查流程体系，必要时，更新程序和作业指导书，构建防错机制，让问题不再发生。

第五，要总结经验。经验是企业的财富，每个团队成员的经验都应该是大家的财富，问题解决后还应该总结和分享经验，举一反三，让整个组织更加卓越。

### 四、落实奖惩

1. 奖惩的意义

如何能让一个团队具有强大战斗力，方法之一就是赏罚分明。奖惩就是对符合组织目标的行为进行鼓励，对不符合组织目标的行为进行惩罚，驱动整个团队拥有共同的方向。

2. 做好奖惩工作的要求

第一，要公平。人们常说，公平是最好的激励。有功则赏，有过则罚，赏罚适度、公平、公正，只有这样才能实现有效的激励和约束。

第二，要及时。人是情感动物，无论是奖励还是惩罚，都要及时；一旦超过时限，就如同食品过期，效果会大打折扣，甚至还可能产生反作用。

第三，要公开。奖惩的对象是整个团队而不仅仅是当事人，因此，公开是必要的，通过公示形成一种气氛、一种力量和一种文化，告诉大家组织鼓励什么、不鼓励什么。

第四，要货币和非货币相结合。员工的工作是有偿的，如果只是口头鼓励，有时效果不佳；如果每次奖励都给钱，那会错失员工对荣誉的诉求，还可能导致不公平。因此，最佳的方式就是货币形式与非货币形式相结合。

## 小 结

　　企业的运营系统是一个 PDCA 戴明环,绩效管理为其中的 C。只有做到及时、有效地检查和纠正,才能保证企业的良性运转。企业管理归根结底是在管理人,只有遵循公平、公正的原则,才能打造强大的团队。所以,考评与奖惩都要努力做到公平。管理是有成本的,过度精细会增加成本、降低效率,企业管理者应该努力做到简洁而有效。

### 思 考 题

1. 什么是绩效管理?
2. 企业运营管理的 KPI 有哪些?
3. 企业应如何做好绩效管理?

# 第十六章
# 基础层之运营环境

有人这样说过，要是站在风口上，猪都能飞起来。如果一个企业的经营符合市场趋势，拥有良好的商业环境，就很容易取得商业上的成功。所以，环境对企业的影响不可忽视。本章探讨的主题就是企业运营环境。

## 第一节　什么是运营环境

### 一、运营环境的定义

运营环境就是企业运营所依托的外部环境，它既包括自然条件，又包括社会条件，还包括企业所需的特定外部因素，如交通条件、通信条件、自然条件、地形地质、政治、经济、法律、技术、行业、市场、供应链、与客户及供应商的距离远近、资源供给情况等。不同企业的产品不同、工艺不同、市场不同、运营模式不同，对外部环境的诉求也不同。所以，对众多企业来说，运营环境既有共性，又有个性，每一个企业都需要从自身角度出发来评价环境。

运营环境是企业运营的基础条件。模型中的卓越运营屋包括五层，即战略层、执行层、保障层、控制层和基础层，它们共同构成了一个完整的 PDCA 管理闭环，其中运营环境层被纳入模型，让整个体系更加完整和稳健。

环境是企业运营的基础条件。外围环境是企业经营的外部因素，在绝大部分情况下，它都不以企业意志为转移，企业的主要做法就是选择和顺应，任何的逆行、对抗或忽视，往往都会带来巨大的、长期的和不可逆转的损失。

### 二、运营环境的影响

1. 影响战略

决定企业战略的因素主要有三个，即现状、预期和环境，三者的交集就是输出的行动举措，即立足于现在、依托于环境并实施行动和举措来实现预期目标。由此可见，环境是制定企业战略的三个要素之一。全面运营模型中的首层就是战略管理，而运营环境是战略制定的基础。

2. 影响成本

影响生产的主因有六个，即人、机、料、法、环、测，而它们都会受到环境的影响。比如，社会环境的好坏影响人力资源的供给，进而影响企业的雇佣成本；基础设施的好坏影响物流成本，进而影响原材料的到货成本；当地气温的高低决定企业的采暖或制冷方式，进而影响企业维护成本；企业外部配套服务商的多少和水平（如检测服务公司、设备供应商等）也影响企业的采购成本。因此，环境影响企业的运营成本。

### 3. 影响交付

无论是基础设施，还是自然条件，都会影响运输、仓储，甚至搬运和包装，进而影响采购到货及客户交付能力，环境对交付的影响不可忽视。

### 4. 影响质量

影响质量的因素是多方面的，如当地的气温高低、湿度高低、水和空气质量、配套服务的可得性、当地文化习俗等，它们往往都会直接或间接地影响人、机、料、法、环、测，进而影响产品或工程质量。

## 第二节 运营环境的主要内容

运营环境可以分为五个类别，即基础设施、自然条件、资源供给、市场环境和社会环境，以下分别介绍。

### 一、基础设施

基础设施是指企业所在地的交通条件、通信条件、土地及场地供给、与客户及供应商距离等。

#### 1. 交通条件

在改革开放初期曾流传这样一句口头禅：要想富先修路。它告诉我们交通对农村发展的重要性。其实，交通条件对企业运营的影响也同样巨大。运输方式有七种，即空运、铁路、陆路、海运、河运、管道和快递。企业业务模式不同，对交通条件的诉求也不同，比如，生产型企业存在大量的实物运输，出口外贸型企业更依赖于国际运输港站（如海港、空港或国际铁路站点等），以及多种运输联运和快速衔接。总而言之，交通越是便利，就越有利于缩短运输时间和降低物流成本。

#### 2. 通信条件

随着大数据、5G、移动互联、数字化、自动驾驶、云计算等现代信息技术的不断发展，通信技术已经成为企业运营的基础条件之一。很难想象，如果没有足够的基站，移动通信就无法进行；如果没有足够的带宽，有线网络就无法运行；如果没有卫星导航，自动驾驶就难以实现。通信条件在企业运营环境中不可忽视。

#### 3. 土地或场地供给

企业经营离不开场地，要么自己买地建厂，要么租赁厂房，它们是企业经营所必需的。改革开放走过40多年，现如今，很多经济发达的地区已经出现了土地供应不足的情况，不得不"腾笼换鸟"，提高购地门槛或投资门槛，有的企业不得不将工厂搬迁到其他偏远地方，搬迁损失是很大的。要实现持续健康发展，企业必须要从长远考虑土地或场地的需求。

4. 与客户及供应商的距离

距离决定运输时间和物流成本，与客户及供应商距离的远近也是非常重要的，在选址或选择供应商时不可忽视。与客户及供应商的距离是针对特定企业所需的特定条件。无论是成品的交付，还是原材料的获取，都需要进行实物运输，距离客户和供应商的远近会直接影响运输成本、响应能力和库存高低，距离越远越不利，这是运营的另一个基础条件。在中国的几个重要经济中心中，以上海为龙头的长三角地区和以深圳和广州为龙头的珠三角地区是最发达的，形成这样结果的一个重要原因是交通条件，珠三角和长三角水路交通发达，在全球化经济体系中，具有明显的海运及水路便利和成本优势，由此可见交通条件的重要性。

## 二、自然条件

自然条件是指企业所在地的空气、水、气候、地形、地质等天然条件，它是企业运营的基础条件之一，持续影响着企业的经营。

1. 空气、水和气候

空气和水是人类维持生命的基本资料，对于企业运营来说，也非常重要，对特定企业来说影响更大。比如，对于清洁生产型企业来说，当地的空气清洁度高低直接影响企业的经营成本；对于纯净水企业来说，当地清洁的水源是企业取之不竭的财富。气候与企业运营密切相关，比如，气温、降水、湿度、光照等都影响员工的生活，也可能影响企业的运营成本。

2. 地形和地质

地形的起伏不平不利于实物流转，会增加企业的物流成本；厂房所在区域的地质条件影响土地承载力和地面承重，这是厂房建设必须考虑的因素，也直接影响企业的施工成本。因此，地形和地质对企业经营也会有影响。

## 三、资源供给

这里所说的资源既包括原料、辅料和能源，又包括人力资源和其他资源，它们都是企业经营的重要条件。

1. 原料和辅料

原料和辅料都是企业生产运营所必需的物资。石油化工企业离不开原油供应，炼钢企业离不开铁矿石，服装企业离不开面料，如果能就近获取原材料，无论在成本上，还是在响应时间上，都会给企业经营带来便利。辅料也是一样，如能就近买到备品备件，就能减少设备停机时间；如能就近采购包材，就能降低企业存货成本。它们都会影响企业的运营绩效。

2. 能源

能源是指燃煤、燃气、电力、石油、水力、风力、蒸汽等动力资源。企业的运转离不开动力，尤其对于生产型企业来说更是如此。随着工业化的推进和环保意识的加强，人类社会对能源的需求发生了很大变化。早期所需的煤，后来逐步转变为柴油、汽油、天然气和电,如今天然气和电已经成为主要能源,其主因是它们清洁高效。没有动力就没有企业运转,由此可见能源对企业的重要性。

3. 人力资源

人力资源就是企业运营所需要的劳动力,既包括蓝领工人,又包括工程师和管理人才。劳动密集型企业需要大量的蓝领工人,智力密集型企业需要大量的专业技术人才,当地人力资源的供给能力始终影响着企业运营。

### 四、市场环境

1. 行业趋势

每一个企业都有它所属的行业,行业的兴衰影响企业的兴衰。比如,当下电动汽车快速崛起,传统燃油车行业受到巨大冲击,而电池电控组件得到快速发展,这就是行业的影响。

2. 供应链干扰

每一个企业都属于一个或多个供应链,都有它的客户和供应商,它的业务发展都会受到它们的影响。比如,比亚迪电动车的销量屡创新高,其零部件供应商自然也水涨船高,销量大增;而由于疫情原因,一家德国球销供应商破产,致使奔驰、宝马、采埃孚等主机厂和一级供应商陷入供应链危机,不得不联合起来,不惜重金帮助该企业渡过难关,因为救供应商就是救自己,这就是供应链对企业的影响。

3. 市场秩序

试想在交易中,如果买方担心拿不到货而要求"先发货后付款",而卖方担心拿不到钱而要求"先收款后发货",那么,这笔交易恐怕很难达成。即使采用信用证的付款方式,由于交易成本过高,成交的概率也会大打折扣,而导致这样结果的原因就是买卖双方缺乏信任,也可以说市场信用不足。市场经济的典型特征就是自由交易,即所有市场参与者都能按照商业规则和法制要求自由平等地交易,从而信息通畅、交易便捷、不担心欺诈。如果市场秩序是混乱的、不按规则出牌的,企业经营就会不安全、不稳定、不可持续,这就是市场秩序对企业的影响。

### 五、社会环境

社会环境是指企业及其市场所在国家或地区的政治、经济、法律、治安和技术等方面的状况,它们也是企业经营的基础条件。

1. 政治

政治就是行政机关的社会治理能力,它是企业营商环境的重要组成部分。比如,很多企业界人士反映,深圳、广州、上海、苏州和杭州等珠三角和长三角发达城市的营商环境比较好,对于企业投资和创业更具有吸引力,这就说明它们的微观政治环境好,对于企业经营来说具有正面的影响。

2. 经济

经济是指企业所在区域的经济发展水平。市场经济往往具有"强者恒强"的集群效应,越是经济发达的地区,市场分工越精细,资源配置越合理,配套能力越强,企业经营效率就会越高，反之，企业经营效率就会越低。企业在选址和经营规划中应该充分考虑这个因素。

3. 法律

市场经济也是法治经济，企业的所有经营活动都必须符合当地的法律法规要求，任何违法违规行为都可能导致企业经营风险或损失，因此，法律体系是否完善、法规执行是否规范、法律服务是否齐全都会影响企业经营。

4. 治安

治安是指企业所在地的居民安全、生活秩序和社会稳定状况。如果没有安全保障，人民的生命就会受到威胁，更何谈企业经营呢？生活秩序和社会稳定也是一样，只有社会安定、保障有力，企业才能正常经营。

5. 技术

人们说，科技是第一生产力，人类文明的发展史就是一部科学技术的进化史，技术进步始终是推动人类发展的重要动力。无论是企业还是个人，都无法脱离所属的时代及这个时代的科学技术水平，那是企业经营的基础。历史上的三次工业革命为人类发展带来了颠覆性的进步，新技术依然会不断涌现，企业只有积极拥抱技术变革，才能求得发展。

## 案例 16-1　工厂选址影响企业长期绩效

**1. 背景介绍**

L公司是一家欧洲汽车零部件企业，2007年，应通用汽车公司要求在中国建立了一家新厂，目的是满足上汽通用的需求。与此同时，这也是L公司进军中国市场的绝佳机会，因此，工厂选址至关重要。

整个投资方案分为两期：一期是租赁标准厂房，面积约为5 000平方米，尽快投资建厂；二期是自建扩建厂房，实现后期发展。企业的主要生产工艺为锻造、机加工和组装。

**2. 候选方案比较**

候选地有四个，分别是无锡高新区、苏州高新区、天津北辰和山东日照。表16.1是一份简化版的对比表，其中列出了10项指标及对各个候选地的评价，评价标准是优势越多越好。

表 16.1　L公司选址方案对比

| 序号 | 候选产业园 | 自然条件 | 厂房租金 | 物流成本 | 人力资源供给 | 客户距离 | 供方距离 | 基础设施 | 营商环境 | 产业相关度 | 未来发展空间 |
|---|---|---|---|---|---|---|---|---|---|---|---|
| 1 | 无锡新区 | 优 | 高 | 稍高 | 强 | 稍远 | 近 | 优 | 优 | 高 | 低 |
| 2 | 苏州新区 | 优 | 低 | 低 | 强 | 近 | 近 | 优 | 优 | 高 | 高 |

续表

| 序号 | 候选产业园 | 自然条件 | 厂房租金 | 物流成本 | 人力资源供给 | 客户距离 | 供方距离 | 基础设施 | 营商环境 | 产业相关度 | 未来发展空间 |
|---|---|---|---|---|---|---|---|---|---|---|---|
| 3 | 天津北辰 | 差 冬季采暖 | 低 | 高 | 弱 | 远 | 远 | 一般 | 中 | 中 | 高 |
| 4 | 山东日照 | 中 | 中 | 高 | 弱 | 远 | 远 | 差 | 低 | 低 | 低 |

**3. 选址结果与复盘**

通过对各指标对比分析可以看出，苏州新区优势明显，无锡新区其次，天津北辰和山东日照处于劣势，因此，结论是选择苏州新区。10年后，大家对这个选址结果进行复盘，得出的结论与当初选址的判断也是完全一致的，当初的选择为该企业的后期运营带来了很多收益和便利。

## 第三节 如何应对运营环境影响

### 一、识别环境

兵法云，知彼知己，百战不殆。应对环境影响的首要措施就是识别环境。什么是环境，环境就是天，就是地，就是自然条件、宏观经济和社会形态。与之相比，企业的影响力不过是九牛一毛。很多时候，环境对企业的影响是巨大的，而企业对环境的影响是微小的，因此，识别环境是首要任务。

运营环境既包括自然条件，又包括社会条件及与企业有关的特定外部因素。识别环境因素时，企业需认清自己，重点专注于与本企业有关的因素，不必包罗万象，也不可疏漏重要的因素。

### 二、应对环境

识别环境只是第一步，下一步就是如何应对环境影响。下雨的时候要打伞，天寒的时候要加衣，这是人们的经验和本能，而对于企业来说，应对环境变化是企业的战略。全面运营模型的第一层就是战略，识别环境因素是企业战略管理工作的一部分，制定战略就是通过对己方诉求、环境因素和未来目标的识别与分析，从而确定行动举措的过程。

企业的战略举措既包括选择，又包括自我调整。选择就是两利相权取其重，两害相权取其轻，就是挑选有利的、放弃不利的。比如，案例16-1中选址苏州而放弃其他地方，这就是选择。自我调整就是因势利导地采取应对措施，比如，南方的企业夏季气温很高，企业要考虑如何降温，这就是调整；如果不能改变环境，那我们就要改变自己。

## 第四节 协同与创新

全面运营模型中除了各个模块之外,它的中间还标注了两个醒目的字样——协同和创新,它们也是全面运营模型中的一部分,体现着全面运营中的两个基本要求。

### 一、协同

人们说,一个人可以走得很快,但一群人才能走得很远,这便是群体的优势。但要实现群体的力量倍增,必须做好协同。

协同是全面运营的基本原则之一。我曾经反复想过这样一个问题:供应链的本质到底是什么?有人说是流动,有人说是价值,我认为供应链的本质是协同,即通过供应链上不同主体间的协同联动,实现共赢,进而实现我赢。全面运营管理完全沿袭了这个原则。市场经济是竞争经济,它存在竞争和博弈;市场经济也是协同经济,它同时存在着企业间和职能间的协同和配合,协同是它的基本要求。

团队精神不等于协同。有人说,利用团队精神就能解决协同问题,其实不然。团队精神仅限于团队成员内部,而不适用于跨组织、跨职能协作,那不仅需要精神,还需要共同的目标、合理的分工和明确的规则,这远比团队精神要复杂得多。

分工是常态,协同也是常态。协同就是利用合同契约、组织分工和流程规则,让群体中的各主体和职能相互协作、有机配合、一致行动。企业运营是一个整体,无论内部还是外部,要实现持续高效运行,都离不开配合。比如,在客户订单履行过程中,它既需要订单接收和计划安排,还需要生产制造、物料采购、来料检验、运输送货等一系列的工作,它们分别由多个职能负责,如果没有协同,就不可能有序完成。分工是为了高效,协同也是为了高效,优秀的组织深谙其道,两手都要做得好。

### 二、创新

世界上唯一不变的就是变化。环境在变,市场在变,需求在变,供应在变,企业也在变,而应对变化的重要方法之一就是创新——通过改变自己而赢得竞争。

创新就是通过改变现在而构建未来。"If it does not challenge you, it does not change you." 创新从挑战开始,从改变起步。创新有风险,但不创新就会失去未来,这样的风险更高。有人调侃说,欧洲人发明一个新事物,美国人将其商品化,英国人对其投资,法国人来做设计,日本人把其小型化,中国人将其廉价化,似乎中国人的创新能力最弱。我们可以不赞同这种看法,但应该将它看作是一种动力。

企业运营也需要创新,其中的每一个模块和职能都需要创新。战略需要适应环境趋势,执行需要高效高质,保障需要科学规范,控制需要收放有度并激励约束……

现在流行的一个管理名词叫"变革管理",每个人都会说愿意变革,然而,真正采取行动者寥寥,为什么呢?因为最难改变的总是自己。创新就意味着改变,意味着风险,它从来就不容易。改变从认知开始,结果从行动而来。善变者,才会赢!

## 小　结

　　每一个企业都是在市场经济中独立经营的实体，它不仅受到内部因素的制约，还会持续受到外部环境的影响。无论是自然条件，还是社会因素，都可能影响企业的成本、质量、交付和客户满意度，所以，运营环境对企业来说非常重要。

　　运营环境是全面运营模型中的最后一层，它与战略层遥相呼应，是制定企业战略的前置条件和必须考虑的因素，一头一尾共同成为企业全面运营管理中的关键。

　　协同和创新是全面运营模型中的两个基本要求，要实现群体的力量倍增，必须做好协同；要适应变化，必须创新。

### 思 考 题

1. 什么是运营环境？
2. 运营环境对企业经营存在哪些影响？
3. 企业运营为什么需要协同和创新？

# 后 记

书稿已接近尾声了,此时不禁再次问自己:什么是全面运营管理?它的价值何在?

**什么是全面运营管理**

它是一套全新的企业运营管理方法论,由一个主模型、六个基本原则、十五个管理模块及一系列的方法和工具共同组成。其中,主模型构建了体系框架,它将企业运营分成战略、执行、保障、控制和基础五个层级,囊括了所有关键过程、模块、职能及企业供应链三环节;六个基本原则是它的思想和纲领;十五个管理模块是它的具体内容。创作本书的目的就是诠释这套方法论。

只有升级维度,才能根本解决问题。企业运营问题众多,其中有些问题长期无解,难以突破,其根源在于思路上存在局限。工作中经常发现,这个职能的问题源于另一个职能的无意识,某些局部性问题源于整个体系的缺陷。所以,只有升级维度,站到整个企业运营的高度,才能找到正解。

只有系统全面,才能持续卓越。一个企业的运营包含众多职能和过程,如计划、生产、采购、设计、质量等,要实现卓越运营,就不能形而上学,就不能只见树木不见森林,而要构建一个完整的、行之有效的系统,囊括所有关键要素,方能有效控制。全面运营管理便是基于这样的范式。

只有工具先进,才能管理高效。全面运营管理利用一个简单模型,诠释了企业运营中各职能之间及客户端、本企业和供应端之间的关系和逻辑,再加上六个基本原则和这样一本小书,以及之后开发的快速诊断工具,从业者只需按图索骥,就能找出问题所在。全面运营管理便是这样的一组工具箱。

全面运营管理并不是一套百科全书,更不是包治百病的灵丹妙药,它是一个架构、一个体系、一套完整的思路和实践验证的方法论。它不仅重视执行和控制,还重视战略策划、保障到位及环境适配。

全面运营管理的亮点很多。其中,主模型和基本原则是最大亮点,模型构建了整个框架与体系,而基本原则植入了思想与灵动,二者相加显得完整而有活力。其他亮点也比比皆是,比如,对生产管理多因一果特征的解读,让读者更能理解生产之难;对质量追溯目的和方法的解读,让读者能更好地做好追溯;对计划体系和逻辑的解读,让读者体会集成计划的优点;对库存管理五种技法的介绍,让读者提升库存控制技巧;对执行职能与保障职能在企业中地位的解读，让读者更能深刻理解企业的组织结构；等等。其中不乏对优秀理论的学习，同时又做了提炼和创新。

### 快速诊断工具正在开发中

回顾全书，它较完整地阐述了全面运营管理的理论、模型及其基本原则，但鉴于篇幅有限，书中对具体的工具和方法介绍得太少，这是不足之处。

写书的目的不仅在于明理，更在于致用。只有快速解决问题，才能带来价值。为此，笔者在写作本书的同时还在开发一套全面运营评价工具，它以全面运营模型为框架，以六个基本原则为纲领，结合其他管理理论精髓，能够实施快速评价和诊断。待本书出版后将会与大家见面。一个模型，一套原则，一本书，一个评价体系，加上一群志同道合的伙伴，这是创作之初的构想，也是历经千锤百炼后的产物，请大家拭目以待。

除了全面运营评价工具之外，笔者在写作和工作实践中，还设计、编写了很多讲义，它们是针对各个模块更为深入、具体的讲解，其中包含了很多实用的工具和方法，有机会再向读者介绍。

### 感想

写作这本书的难度超出我的想象。本来预想三个月完成，结果写了四年，其间，书稿做过数次大幅修改，如此这般的曲折，甚是艰难。不为赚钱，不为出名，写这本书的目的就是要给伙伴带来价值。很多人手捧经典，却苦闷彷徨，因为不能为现实中的问题找到答案，这便是激发我写作这本书的原动力。如今我兑现了誓言。

这不会是一本完美的书。无论是理论还是实践，文笔还是结构，总会存在不足，但我尽了全力，它承载了我的初心、我的付出和我对企业运营的思考和见解，现在交给读者，欢迎批评指正，欢迎探讨交流。

书稿完成，内心释然。徒步五龙山，登临智慧阁，俯瞰山下，静水清幽，小瀑飞溅，山水相衬，宛若仙境。作诗一首，以表心声，作为本书的结尾。

#### 登五龙山智慧阁

智慧阁中智慧多，五龙山上放声歌；
绿水青山神仙地，海天纵横任评说。

鲁克于苏州

# 附录 名词缩写

AGV：Automated Guided Vehicle 自动导引运输车
APP：Application 手机软件
APQP：Advanced Product Quality Planning 先期产品质量策划
APS：Advanced Planning System 高级计划系统
ASN：Advanced Shipping Notice 预先发货清单
BCS：Bar Code Scanning 条码扫描
DN：Delivery Note 送货单
DPPM：Defective Parts Per Million 百万分比的缺陷率
EIP：Enterprise Information Portal 企业信息门户
ERP：Enterprise Resources Planning 企业资源计划
EDI：Electronic Data Interexchange 电子数据交换
FIFO：First In First Out 先进先出
GR：Goods Receipt 收货单
IT：Information Technology 信息技术
ITO：Inventory Turn Over 库存周转率
ICT：Information Communication Technology 信息沟通技术
KPI：Key Performance Indicator 关键绩效指标
LP：Lean Production 精益制造
LT：Lead Time 前置期
MIS：Management Information System 管理信息系统
MPS：Master Production Schedule 主生产计划
MRP II：Manufacture Resource Planning 制造资源计划
MRP：Material Requirement Planning 物料需求计划
OTD：On-Time Delivery 准时交货率
OQD：On-Quantity Delivery 准量交货率
PDCA：Plan-Do-Check-Action 计划—执行—检查—处理
PFEP：Plan For Every Part 为每个产品做计划
PO：Purchase Order 采购订单

PPAP：Production Part Approval Process　生产部件审批程序
PS：Production Schedule　生产排程
QA：Quality Assurance　质量保障
QCDS：Quality Cost Delivery Satisfaction　质量成本交付和客户满意度
RFID：Radio Frequency Identification　无线射频识别
SC：Supply Chain　供应链
SCM：Supply Chain Management　供应链管理
SO：Sales Order　销售订单
SWOT：Strength Weakness Opportunity Threat Method　优势、劣势、机会、威胁分析法
TCO：Total Cost of Ownership　总拥有成本
TOC：Theory of Constraint　约束理论
TPS：Toyota Production System　丰田生产方式
TOA：Total Operation Assessment　全面运营评估
TOM：Total Operation Management　全面运营管理
TPM：Total Production Maintenance　全员生产维护
TMS：Transport Management System　运输管理系统
TOM：Total Operation Management　全面运营管理
TOA：Total Operation Assessment　全面运营评价
WO：Work Order　生产工单
WMS：Warehouse Management System　仓库管理系统